삼국지

천 년 넘어

새로워진

이야기

◉ 너머학교 고전교실 15 ◉

삼국지

천 년 넘어
새로워진
이야기

나관중 원저 · 장동석 글 · 홍선주 그림

너머학교

한판, 자웅(雌雄)을 겨뤄 볼까요?

'아니오.'라고 대답할 친구도 있겠죠? 혹시 게임 좋아해요? 피시방에 가서 게임을 즐기는 친구들도 많겠지만, 요즘은 대부분의 친구들이 스마트폰으로 게임을 즐기리라 생각해요. 시간 가는 줄도 모르고 게임에만 빠져 있다가 엄마·아빠의 잔소리도 많이 들었을지 모르겠네요.

그럼 혹시 『삼국지』를 소재로 한 게임도 좋아하나요? 얼마 전 스마트폰 앱에 '삼국지'를 키워드로 넣고 검색해 보고는 깜짝 놀랐어요. 무려 150개도 넘는 '삼국지' 관련 게임이 검색되더군요. 재미가 없어서 사라진 게임까지 합하면 300개도 훨씬 넘는다고 해요. 어떤 기록을 살펴보니 한 달에 하나 이상은 새로운 게임이 출시된다는 이야기도 있더군요. 그런 의미에서 보면 우리는 모두 『삼국지』가 어떤 책인지 잘 모르지만, 이미 『삼국지』라는 세계 속에 살고 있다고 해도 과언이 아니에요.

검색한 김에 게임을 차근차근 살펴보니 소설『삼국지』전체를 배경으로 한 게임도 있고, 유비·관우·장비 삼 형제나 조조 등 주인공이라고 할 수 있는 특정 인물이 등장하는 게임도 있더군요. 그중 하나를 스마트폰에 깔고 초등학교 시절 오락실을 뻔질나게 드나들었던 실력을 발휘해 신나게 게임을 해 보려 했지만, 쉽지 않더군요! 소설『삼국지』가 처음 게임으로 나온 건 1980년대 후반이에요. 지금은 일상에 없어서는 안 될 기술이지만, 당시는 인터넷이 막 보급되던 시점이었어요. 그 후 30년 정도 흐르는 사이 얼마나 많은 '삼국지' 게임이 만들어지고 사라졌는지 몰라요.

게임뿐 아니라『삼국지』를 소재로 한 영화와 TV 드라마도 제법 많이 있어요. 중국에서『삼국지』는 TV 드라마로 시시때때로 만들어지는 단골 소재입니다. 중국 국영 방송사인 CCTV는 무려 95부작으로 드라마를 만든 적도 있어요. 꼬박 2년 동안 방영했으니까, 중국 사람들이라면 한 번쯤 시청하지 않았을까요? 언젠가 중국으로 여행을 간 친구가 TV에서「삼국지」드라마가 방영된다면서 제게 메시지를 보낼 정도였으니까요.

영화는 얼마 전까지만 해도 게임처럼 유비, 제갈공명, 관우, 조조 등 주인공이라고 할 만한 사람들이 등장하는 작품이 주류였어요. 과장을 조금 보태면 중국과 홍콩 출신 유명 배우는「삼국지」영화에 한 번쯤은 출연했다고 할 수 있을 정도이죠. 2018년 말에는『삼국지』의 서막, 즉 중국 전역을 혼란에 빠뜨린 도적 집단인 '황건적'이 중심이 된 영화가

등장하기도 해요.

『삼국지』는 중국뿐 아니라 한국에서도 대단한 인기입니다. 소설을 먼저 살펴볼까요. 한국의 이름 있는 소설가 선생님들은 대개 『삼국지』를 번역해서 출간한 적이 있어요. 황석영, 장정일, 김홍신, 이문열, 박종화, 정비석 등등. 모두 생소한 이름들이라고요? 그럴 수밖에요. 왕년의 소설가들이니까요. 그래도 이들 때문에 지금 우리가 『삼국지』를 읽는 즐거움을 누릴 수 있어요.

소설가들이 번역한 『삼국지』뿐 아니라 소설 속 인물과 사건 등을 재해석한 책도 무척 많답니다. 예를 들면 평전(評傳)이 대표적인 책이에요. 평전은 "개인의 일생에 대하여 필자의 논평을 겸한 전기"예요. 설명이 더 어렵죠. 좀 쉽게 설명하자면, 한 인물이 평생을 살면서 잘한 점과 잘못한 점 등을 객관적으로 쓰고, 그 인물에 대한 평가를 더한 책이라고 할 수 있어요. 『삼국지』 인물 중에 평전의 주인공이 된 사람이 몇 명 있어요.

대표적인 인물은 『삼국지』의 영원한 맞수, 유비와 조조예요. 『유비 평전』과 『조조 평전』은 『삼국지』를 지탱하는 두 축으로서의 유비와 조조라는 인물에 대해, 당시 기록은 물론 후대의 기록까지 찾아서 잘 정리한 책이에요. 장쭤야오라는 중국 역사학자가 두 권 모두 썼어요. 『삼국지』에서 가장 유명한 인물은 흔히 제갈공명이라고 부르는 제갈량으로, 유비가 평생 신뢰했던 사람이에요. 그에 관한 책은 평전도 있지만, 문집(文集)은 물론 그의 리더십을 분석한 자기 계발서도 있어요. 심지어 제갈공명처럼 주식 투자를 해야 한다는 책도 있고요. 이외에도 관우와 사마의 등 주요 등장인물에 관한 책이 다양하게 나왔지요.

사실 우리나라에서『삼국지』의 인기는 어제오늘 이야기가 아니에요. 조선 중기에 전기수(傳奇叟)라는 직업이 등장해요. 전기수는 "현실적이지 않은 이야기를 읽어 주는 노인"이라는 뜻으로, 요즘으로 치면 '낭독하는 사람'이라고 할 수 있어요. 하지만 소설 내용을 그대로 읽어 주는 사람은 아니에요. 재미없는 부분은 빼고 재미있는 이야기에는 살을 덧붙여 듣는 사람들의 흥미를 돋우는 것이 전기수의 특징이죠.

조선 시대 민초(民草)들은『삼국지』이야기를 들으면서 팍팍한 삶의 현실을 잊곤 했어요. 장터에서 사람들을 모아 놓고 이야기를 들려주는 전기수도 있었고, 양반집에 방문해서 이야기를 전해 주는 전기수도 있었어요.『흥부전』·『심청전』등이 단골 이야깃거리였지만, 장터에 모인 사람들이 가장 좋아하는 이야기는 단연『삼국지』였다고 해요. 극적인 전쟁 장면이 많고, 때론 사나이들의 우정이 넘치고, 궁극적으로는 인생의 희로애락이 담겨 있었기 때문이죠.

조선 시대 사람들은 전기수의 이야기도 좋아했지만 판소리도 무척 좋아했어요. 하나의 독립된 줄거리를 가진 작품을 '마당'이라고 부르는데, 흔히「춘향가」·「심청가」·「흥부가」·「수궁가」·「적벽가」를 판소리 다섯 마당이라고 불러요. 앞의 세 작품은 말 안 해도 아시겠죠.「수궁가」도 제목만 생소할 뿐, 우리가 잘 아는 작품이에요. 육지로 토끼의 간을 구하러 간 자라 이야기를 판소리로 만든 것이 바로「수궁가」예요.

그럼 당연히 「적벽가」가 『삼국지』와 관계있는 작품이겠죠. 「적벽가」는 『삼국지』에서 가장 유명한 전쟁인 '적벽대전'을 다룬 판소리예요. 『삼국지』의 악역이라고 할 수 있는 조조가 유비의 책사(策士)인 제갈공명의 신출귀몰한 전략에 걸려들어 꽁무니를 빼는 장면이 주요 내용이죠. 얼마나 다급했으면 조조가 길을 막아선 관우에게 손이 발이 되도록 빌 정도였어요. 조조의 이런 모습에 판소리를 듣는 사람들 모두 박수를 치며 좋아했다고 해요.

조선 시대부터 지금까지, 우리나라 사람들이 『삼국지』를 즐겨 읽고, 거기 등장하는 다양한 인물에 관한 책까지 나오는 이유는 무엇일까요? 더더욱 많은 게임 개발자들이 밤을 새워 가며 게임을 만드는 이유는 무엇일까요? 그건 아마도 『삼국지』에 사람들의 마음을 사로잡는 뭔가 독특한 매력이 존재하기 때문일 겁니다. 넘치도록 다양한 스토리텔링을 사랑하는 사람도 있고, 영웅들의 현란한 무공과 지략 대결, 사나이들의 우정 등등 읽는 사람 저마다 다를 겁니다. 중요한 것은 방대한 분량만큼이나 눈을 뗄 수 없는 다양한 사건들이 시시때때로 벌어지고, 더더욱 그 사건·사고 속에서 다양한 인물이 튀어나와 재미를 더한다는 사실입니다. 한마디로 『삼국지』는 '인생의 축소판'이면서 '우리가 사는 세계의 또 다른 단면'이라는 것이죠. 그러니 한 번쯤은 꼭 읽어 봐야 하지 않을까요.

물론 『삼국지』에 아쉬운 점도 없지 않습니다. 지나치게 영웅들의 이야기에 집중하면서, 그들의 명멸(明滅)에 따라 처참한 삶을 온몸으로 받아내야만 했던 민초들의 삶은 소홀하게 다루고 있어요. 여성들을 남성들의 부속물 정도로 여긴 점도 아쉽고요. 우리 시대에『삼국지』의 인기가 다소 시들해진 것은 이런 이유도 있기 때문일 겁니다.

그런데도『삼국지』를 오늘 다시 읽어 봐야 할 이유가 분명하게 있다고 저는 생각해요. 『삼국지』가 비록 2~3세기 중국이라는 나라의 전쟁을 배경으로 하고 있지만 인류의 역사, 궁극적으로는 삶을 살아내는 다양한 방식을 보여 주기 때문이죠. 더더욱 청소년들이 한 번쯤은『삼국지』를 읽어 봐야 하는 이유는 드넓은 세상이 우리 앞에 펼쳐져 있고, 그 세상에서 우리가 삶을 살아야 한다는 사실을 다양한 관점에서 이해할 수 있도록 돕기 때문입니다.

청소년기에 해야 할 가장 중요한 일은, 물론 공부도 중요하지만, 저는 세상이 어떻게 형성되었고 돌아가는지, 또한 인간은 어떤 존재이며 무엇을 위해 사는지 알아가는 것이라고 생각해요. 그 대답을『삼국지』가 모두 해 줄 수는 없지만, 하나의 중요한 가이드는 될 수 있어요. 준비되셨나요? 그럼 다 함께『삼국지』의 광대무변(廣大無邊)한 세계로 들어가 봐요.

장동석

1장

이렇게 긴 책을 읽자고요?

—

『삼국지』라는 하나의 '세계'

푸른 하늘이 이미 죽었으니,
누런 하늘이 서리라.
때는 갑자년이요,
천하가 크게 길하리라.

소년, 『삼국지』를 만나다

제 이야기를 먼저 해 볼게요. 제가 『삼국지』를 처음 읽은 건 중학교 입학을 앞둔 겨울방학 때였어요. 서울 변두리에 있는 봉화산 자락을 터전 삼아 온종일 뛰어노는 게 전부였는데, 어느 날 아버지의 단골서점 '김씨글방'으로 심부름을 가게 되었어요. 엷은 미소가 멋졌던 빼빼 마른 주인아저씨는 무슨 이유인지 모르지만, 저를 반갑게 맞아 주셨어요. 난로에서 굽던 군고구마도 한 개 집어 주셨고요. 그날 이후 저는 김씨글방의 단골이 되었어요.

책은 사 가지도 않으면서 이 책 저 책에 손때만 묻히는 제가 귀찮을 수도 있는데, 아저씨는 오히려 이 책 저 책 권해 주기 시작하셨어요. 그때 아저씨가 권해 주신 책 중 하나가 바로 『삼국지』예요. 소설가 정비석 선생이 쓴 6권짜리 『삼국지』였어요.

만화책과 만화영화, 또 누군가 들려준 옛날이야기를 통해 유비·관우·장비 삼 형제의 빛나는 형제애와 우정은 이미 알고 있었어요. 간사한 인물 조조에 관한 숱한 험담도 전해 들었지만, 책으로 만난 건 그때가 처음이었어요. 제가 지금까지도 가장 좋아하는 『삼국지』속 인물인 제갈공명의 지혜는 어찌나 놀랍던지요. 그해 겨울방학은 온통 『삼국지』가 제 삶의 중심이었다고 해도 틀린 말은 아니에요. 35년이 지난 지금도 1년에 한 번은 『삼국지』를 읽고 있으니 놀라운 인연이라고 할 수밖에요. 지금 이 책을 쓸 수 있는 이유도 실은 그때 읽은 『삼국지』 덕분이겠죠.

누가 왜 이런 말을 했는지는 알려지지 않았지만, 세상에 이런 말이 있어요.

『삼국지』를 한 번도 읽지 않은 사람과 상대하지 말고, 세 번 이상 읽은 사람과는 상종하지 말라.

처음 들어 본다고요? 정확하지는 않지만 아마도 이런 뜻이 담겨 있지 않을까요. "한 번도 읽지 않은 사람과 상대하지 말라."는 말은 『삼국지』는 글을 읽을 줄 아는 사람이라면 꼭 읽어 봐야 하는 '고전(古典) 중의 고전'이라는 의미일 거예요.

"고전(古典)을 읽으면 고전(苦戰)한다."는 말도 있어요. 오랫동안 많은 사람들에게 널리 읽히고 높이 평가 받은 작품이 고전이지만, 그것을 읽으려면 힘들고 어려운 싸움을 해야 하기 때문이죠. 그럼에도 고전은 읽을 만한 가치가 있는데, 『삼국지』는 그런 고전들 중에서 단연 앞자리를 차지한다고 할 수 있어요. 무려 2,000년 넘게 이어져 오면서 사람들의 뇌리에 남은 이야기라면 뭔가 깊은 의미가 담겨 있지 않을까요?

그럼 "세 번 이상 읽은 사람과는 상종하지 말라."는 말은 어떤 의미일까요? 사실 『삼국지』는 작품 전편에 걸쳐 온통 전쟁이 벌어집니다. 어떤 장수는 머리를 베이고, 어떤 이는 허리가 잘려 죽는 등 살벌한 살육의 현장이 고스란히 묘사됩니다. 전쟁도 한두 번이지, 짧게는 6권, 길게는 10권이나 되는 책에서 이런 모습들을 계속 읽는 건 좀 난감한 일이기도 해요.

그런가 하면 그 처참한 전쟁에서 무조건 이기기 위해 대개의 권력자들은 온갖 권모술수(權謀術數)를 사용해요. 적을 죽여야만 내가 살고, 그래야만 천하를 얻을 수 있기 때문이죠. 권모술수는 대개 인정사정없는 살육으로 이어지고, 평범한 사람들의 삶은 말 그대로 엉망진창이 됩니다. 아니 지옥과도 같은 삶을 산다고 하는 게 더 정확한 표현일 겁니다. 그러니 『삼국지』를 "세 번 이상 읽은 사람과는 상종하지 말라."는 말은 꼭 한 번은 읽되 '가려 읽어야 한다.'는 의미라고 해석할 수 있습니다.

『삼국지』냐, 『삼국지연의』냐

흔히 우리가 『삼국지』라고 부르는 작품의 본래 이름은 『삼국지연의(三國志演義)』예요. 『삼국연의(三國演義)』라고 종종 불리기도 해요. 중국 원나라 말기, 명나라 초기 사람인 나관중이 쓴 작품으로, 대략 15세기 말 처음 선보였다고 알려져 있어요. 여기서 연의(演義)란 "사물을 조리 있고 알기 쉽게 설명한다."는 뜻으로, 중국 청나라 시대에 유행한 소설의 한 종류예요. 그러니 『삼국지연의』란 간단히 말하면 '『삼국지』를 알기 쉽게 풀어 쓴 소설'이라는 뜻이겠죠. 요즘 줄임말이 유행인데, 『삼국지연의』를 『삼국지』로 줄여 불렀다고 보면 될 듯해요.

　『삼국지연의』는 서기 184년 황건적의 난을 시작으로 280년까지, 대략 100년의 기간 동안 중국 대륙을 차지하기 위해 위나라, 촉나라, 오나라가 벌인 거대한 전쟁과 그 주변 이야기를 담은 대하소설입니다. 유비·관우·장비 삼 형제와 제갈공명, 조조, 손권 등 주인공이라고 할 수 있는 인물들이 전장을 누비며 중국 대륙을 통일하기 위해 고군분투하는 것이 주된 내용이죠.

물론 그들의 이야기만이 전부는 아니에요. 그들 주변으로 엄청나게 많은 사람들이 삶을 엮어 가고, 또 삼국이 정립되기 전까지는 수많은 영웅호걸이 중국 대륙을 차지하기 위해 다투기도 합니다. 알려진 바로는 『삼국지』의 등장인물만 무려 1,200명 정도라고 해요. 주인공을 중심으로 이렇게 많은 사람이 등장하고 있으니 엄청난 이야기가 만들어질 수밖에 없겠죠. 그런가 하면 주인공이라 할 수 있는 인물들이 하나둘 세상을 떠난 후에도 흥미로운 이야기들이 많이 펼쳐집니다.

여기서 하나 잊지 말아야 할 것이 있어요. 『삼국지연의』의 기본적인 이야기 토대를 만든 책이 있다는 사실 말입니다. 『삼국지연의』의 모태가 된 것은 『삼국지』라는 책입니다. 흔히 부르는 『삼국지』와 똑같다고요? 맞아요.

『삼국지연의』의 토대가 되는 『삼국지』는 서기 290년경 중국 진(晉)나라의 역사학자인 진수(陳壽)라는 사람이 쓴 역사책이에요. 중국의 한나라, 그중 후한(後漢)이 멸망하고 위(魏)·촉(蜀)·오(吳) 세 나라가 천하를 두고 다툼을 벌이는데, 그 자세한 기록을 담고 있는 역사책이 바로 『삼국지』예요.

진수는 위·촉·오의 사료를 체계적으로 수집하여 무려 10여 년의 노력 끝에 정사(正史) 『삼국지』 65권을 완성했다고 알려져 있어요. 역

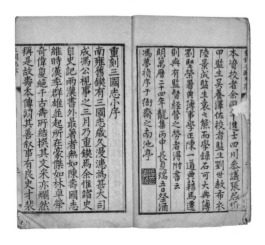

「삼국지」 중국 진나라 때 진수가 쓴 역사책으로 『삼국지연의』의 토대가 된다. 「위지」에 기록된 부여전, 고구려전, 옥저, 읍루, 예, 삼한전은 우리나라의 상대사(上代史)를 연구하는 데 귀중한 자료이다.

사를 서술한 그의 태도에 대해 후대 사람들은 "비교적 공정했고 자료 선택도 근엄했으며, 문장은 간결했다."라고 평가하고 있어요. 진수와 같은 시대 사람들도 진수가 훌륭한 역사학자의 자질을 가진 사람이라고 칭찬했다고 하니, 그만큼 믿을 만한 역사책이라고 할 수 있겠죠.

『삼국지』는 기전체(紀傳體) 서술 방식을 취하고 있어요. 기전체란 군주의 정치 관련 기사인 본기(本紀), 신하들의 개인 전기인 열전(列傳), 통치 제도·문물·경제·자연현상 등을 내용별로 분류해 쓴 지(志)와 연표(年表) 등으로 기록하는 역사서의 편찬 체제를 말해요. 어렵다고요? 그만큼 엄밀한 역사서라는 뜻으로 이해하면 됩니다.

당시 위·촉·오 세 나라의 군주는 모두 자신을 황제라고 칭했어요. 그래서 진수는 당시 세 나라로 흩어진 중국을 통일한 왕조가 진나라이기 때문에, 그 뿌리가 되는 위나라를 정사(正史), 즉 정통 역사로 삼아 『삼국지』를 서술해요. 나중에 다시 이야기하겠지만 『삼국지』와 『삼국지연의』가 다른 점이 바로 이 대목이에요. 『삼국지』는 위나라가 정통 역사지만, 『삼국지연의』는 촉나라에 정통성을 부여하고 있어요. 앞서 이야기한 것처럼 『삼국지』의 주인공이 유비·관우·장비와 그를 도운 책사 제갈공명이 될 수밖에 없는 이유가 바로 이 때문이에요.

흥미로운 것은 중국 천하를 두고 겨룬 위·촉·오 세 나라가 역사적으로는 40여 년밖에 지탱하지 못한 나라들이라는 사실이에요. 그래서 일명 '『삼국지』 박사'로 불리는 이은봉 선생님은 『중국을 만들고 일본을 사로잡고 조선을 뒤흔든 책 이야기』에서 "중국사 전체에서 삼국은 사실 왕조라는 이름을 붙이기에도 민망할 정도로 짧은 역사를 가진 나라로 후한 말기 혼란한 틈을 타고 난립한 임시정부에 불과"하다고 이야기할 정도입니다.

중국의 긴 역사로 볼 때 극히 짧은 시간인데도 2,000년이 지난 지금도 중국은 물론 한국과 일본에서 유비(촉)와 조조(위), 손권(오)의 다툼을 기억하는 이유는 무엇일까요. 여러 이유가 있겠지만, 결국 『삼국지연의』의 공이 그만큼 컸다고 할 수 있습니다. 소설 『삼국지』가 그만큼 재미있고, 교훈도 적지 않다는 이야기인 셈이죠.

열에 일곱은 사실, 셋은 허구

역사책인 『삼국지』와는 달리 『삼국지연의』는 소설이기 때문에 허구가 그만큼 많이 첨가되어 있어요. 보통 『삼국지연의』의 구성을 "열에 일곱은 사실, 셋은 허구(七實三虛, 칠실삼허)"라고 부르는데요, 나관중이 역사적 사실을 바탕으로 새로운 이야기를 만들었다고 보면 됩니다. 또 하나, 사람들의 입에서 입으로 전해지는 동안 각종 흥미로운 이야기들이 첨가되기도 했어요. (지금부터 『삼국지』라고 말하는 것들은 모두 『삼국지연의』를 가리키는 것이니 혼동하지 마시고요.)

요즘은 이런 형식의 소설을 팩션(faction)이라고 불러요. 팩트(fact)와 픽션(fiction)의 합성어인데요, 역사적 사실을 바탕으로 써 내려간 소설이라는 뜻이에요. 저는 『삼국지』가 가장 오래된 팩션 작품 중 하나라고 생각해요. 사실 『삼국지』는 오랜 세월 입에서 입으로 전해지는 동안 여러 사람들이 빼거나 첨가한 작품이에요. 그래서 어떤 사람들은 나관중이 『삼국지』의 저자가 아니라고 말하기도 해요. 어쨌든 원래 『삼국지』와 우리가 지금 읽는 『삼국지』는 다소 차이가 있을 수밖에 없어요. 차이가 나는 지점은 뒤에서 다시 설명하기로 하죠.

　소설에 등장하는 인물과 배경들은 이야기의 재미를 위해 가공되었기 때문에 당시 실제 살았던 모습과는 차이가 클 수 있어요. 먼저 배경, 즉 당시 사람들의 생활 습관이나 풍습부터 알아볼까요. 『삼국지』와 관련한 영화나 드라마를 보면 사람들이 책을 읽는 경우가 종종 있는데요. 특히 관우는 평생 전장(戰場)을 누비면서도 항상 책을 가까이 두고 읽었어요. 관우의 곁에는 언제나 『춘추(春秋)』가 있었다고 해요. 공자님이 엮은 것으로 알려진 『춘추』는 대의명분(大義名分)을 밝히고, 천하의 질서를 바로 세우려는 목적의 책이었어요. 나라에 충성하고, 형제의 도리를 다하기 위해 평생 온 힘을 다했던 관우에게 가장 잘 어울리는 책이라고 할 수 있죠.

　하지만 『삼국지』 시대 당시는 1세기 후반 혹은 2세기 초반 채륜이 발명한 종이가 널리 보급되기 전이기 때문에 보통 사람들은 종이로 된 책을 쉽게 접할 수 없었어요. 훗날 황제의 동생이 되니 관우 정도의 지위라면 쉽게 책을 구할 수는 있었겠지만, 보통 사람들이 책을 갖는다는 것은 하늘의 별을 따는 일과 비슷했어요. 실제로 중국에서 만든 「삼국지」 드라마에는 각 나라의 공문서를 죽간(竹簡)으로 보여 준 경우가 있어요. 그러니까 『삼국지』에 등장하는 인물 모두가 책을 읽었다는 말은 아니라는 점, 알아둘 필요가 있어요.

　인물도 그래요. 『삼국지』를 읽는 가장 큰 재미 중 하나는 유비를 군주로 섬긴 제갈량, 흔히 제갈공명 혹은 공명이라고 부르는 책사(策士)의 지혜를 놓치지 않는 것입니다. 제갈공명이 유비를 돕기 시작하자, 그 기세가 마치 불이 일듯이 일어나요. 그는 적벽대전이라는 큰 전쟁

을 앞두고 적을 일거에 공략할 수 있는 동남풍을 불게 해요. 마치 하늘에서 내려온 사람과도 같은 능력을 선보인 것이죠. 기도해서 한겨울 북서풍을 봄바람인 동남풍으로 바꿀 수 있는 엄청난 능력자가 바로 제갈공명입니다.

하지만 이는 요즘으로 치면 과학 공부를 열심히 하고 자연현상과

삼국지연의도 유비, 제갈공명, 관우, 장비 이야기 중심으로 구성된 총 10폭의 조선 시대 그림이다. 하늘에 제사를 지내고 도원에서 의형제를 맺는 장면에서 시작하여 봉의정에서 여포가 초선을 희롱하는 장면, 조조가 술을 데우며 영웅을 논하는 장면, 관우가 다섯 관문을 지나며 장수들을 베는 장면 등이 펼쳐진다.

지리를 열심히 관찰한 결과예요. 한겨울이지만 때때로 동남풍이 분다는 사실을 지형과 날씨를 꾸준하게 관찰함으로써 알 수 있었던 것입니다. 하지만 소설을 읽는 사람들은 과학 공부를 열심히 한 제갈공명이 아닌 신묘한 능력을 지닌 제갈공명에 더 열광합니다.

『삼국지』를 쓴 나관중이나 그 이야기를 대대로 전해 온 사람들은 소설이 역사책이나 과학책처럼 엄밀할 필요가 없다는 것을 이미 오래전부터 알고 있었던 것이죠. 이처럼 『삼국지』는 역사적 사실을 뒤바꾸거나 별개의 사실을 하나로 엮으면서 대중이 좋아하는 소설로 만들어진 작품이라고 할 수 있어요.

『삼국지』의 시작, 국정농단

혹시 '국정농단'이라는 말을 들어 보셨나요? 국정(國政)은 나라의 일을 말하고, 농단(壟斷)은 이익이나 권리를 독점하는 것을 뜻해요. 그러니 국정농단이란 권리를 독점해 나라의 일을 좌지우지한다는 뜻이겠죠.

　서기 184년 한나라 말기 중국 전역에서 일어난 황건적의 난은 이미 예고된 일이었어요. 황건적은 머리에 누런 두건을 쓴다고 해서 붙여진 이름이에요. 황건적의 대장인 장각이라는 사람은 백성들 사이에서 도술을 부리며, 어떤 병이든 낫게 한다는 소문이 돌 정도였어요. 그러니 무능한 황제가 다스리는 세상에서 굶어 죽기보다는, 잘 먹고 잘 살 수만 있다면 도적이 되는 것도 나쁘지 않은 선택이라고 백성들은 생각했을 겁니다. 이런 일들은 동서양을 막론하고 자주 일어났던 일이에요.

문제는 당시 중국의 황제인 영제(靈帝)가 환관 열 명에 의해 눈과 귀가 가려져 있었다는 사실이에요. 환관 열 명의 국정농단은 그 끝이 어디인지 파악조차 할 수 없을 정도였어요. 황제의 눈을 가리고 관직을 사고팔며, 자기들 마음대로 나랏일을 처리했으니까요. 애꿎은 백성들은 삶의 터전을 잃고 떠돌았지만, 황제 곁에 있는 사람들 중 누구 하나 그들의 편이 되어 주지 못했어요. 인(人)의 장막에 갇힌 영제는 천하를 다스릴 능력이 없었고, 세상은 온통 아수라장이었죠.

　　영제 때만 그런 게 아닙니다. 후한의 12대 황제인 영제 위로 10대 황제인 질제(質帝)와 11대 환제(桓帝)는 양기라는 외척에게 손발이 묶여 아무것도 할 수 없었어요. 각각 여덟 살, 열다섯 살에 황제에, 그것도 외척의 입맛에 따라 황제 자리에 올랐으니 무슨 일을 할 수 있었겠어요. 물론 환제는 환관들과 짜고 외척 양기를 몰아내지만, 거기까지가 환제의 한계였어요. 환제를 돕는 척하면서 환관들이 모든 권한을 챙겼기 때문이죠. 환제를 무력화시킨 환관들은 이때부터 자기 세상을 만들어 갔는데, 12대 황제인 영제 때 그 악행이 극에 달해요.

　　"난세(亂世)가 영웅(英雄)을 만든다."라는 말, 혹시 들어 봤나요? 황건적의 난으로 일대 혼란에 빠진 중국 곳곳에서 그간 숨죽여 힘을 키우던 영웅들이 드디어 일어나기 시작했어요. 조조와 원소가 대표 선수였고, 강동의 호랑이로 불린 손견 또한 빼놓을 수 없는 인물이었죠.

　　『삼국지』의 주인공 격인 유비는 이때만 해도 중심에 있지 못했어요. 조조와 원소, 손견 등이 황건적을 대대적으로 물리치는 동안, 유비·관우·장비는 고작 의병(義兵) 수백 명을 데리고 황건적을 물리쳤기 때문이죠. 공식 직함이 있던 조조·원소·손견 등과 달리 유비는 공식 직함이 없었기 때문에, 당연히 주목조차 받지 못했어요. 하지만 그런 유비가 훗날 위(魏)·오(吳)와 함께 천하를 삼분(三分)한 촉(蜀)나라의 황제가 되었어요. 자, 그럼 이제부터 본격적으로『삼국지』의 세계 속으로 들어가 볼까요?

십상시와 황건적

『삼국지』는 기본적으로 유비가 주인공이에요. 그러니 거의 모든 이야기가 유비를 중심으로 펼쳐질 수밖에 없겠지요. 대개의 『삼국지』는 황건적의 난에 분개한 유비·관우·장비가 만나 도원결의(桃園結義)를 함으로써 새로운 세상을 꿈꾼다는 이야기로 시작합니다.

이 전제를 염두에 두고, 먼저 『삼국지』의 시작을 알리는 황건적에 대해 알아볼까요. 그전에 왜 황건적이 중국 전역에서 일어날 수밖에 없었는지 아는 것도 중요해요. 한(漢)나라는 기원전 202년 유방이라는 사람이 세운 나라예요. 전한(前漢)과 후한(後漢)을 합해 400년 넘게 지속되면서 강력한 중앙집권을 추구했는데, 중국 사람들은 지금도 한나라를 무척이나 좋아해요. 이 기간 동안 사실상 중국의 오늘을 있게 한 중국 문화의 기틀이 만들어졌기 때문이죠.

중국의 인구 구성 중 90퍼센트가 넘는 한족(漢族)이 바로 한나라의 이름에서 유래했고, 그들의 글인 한자(漢字) 혹은 한문(漢文)도 이와 연관이 있어요. 중국의 시를 보통 한시(漢詩)라고 부르는 이유도 이 때문입니다.

앞서 이야기한 것처럼 유비가 『삼국지』의 주인공이 될 수밖에 없는 이유와 연관 지어 볼까요. 유비가 세운 촉나라가 한나라를 계승한다는, 일명 촉한정통론(蜀漢正統論)은 이처럼 중국인들의 삶의 바탕이 된 한나라에서 비롯된 것이죠. 중국 사람들이 유비가 흥하면 기뻐하고, 궁지에 몰리면 눈물 흘릴 수밖에 없는 이유가 바로 여기에 있다고 보시면 어느 정도는 맞아요.

강성한 한나라였지만, 환관과 외척 세력의 정치 개입이 심해지면서 서서히 멸망의 기운이 드리웁니다. 특히 환관들은 항상 곁에 있었기 때문에 나약한 황제들은 그들의 감언이설에 속을 수밖에 없었죠. 환관은 본래 황제 곁에서 시중을 드는 역할에 지나지 않았어요. 우리에게 익숙한 사례를 들자면 조선 시대 왕을 돕던 내시가 있는데, 하는 일이 비슷했어요.

특히 한나라 말기 열 명의 환관, 즉 십상시(十常侍)는 국가의 암적인 존재였어요. 무능한 황제인 영제(靈帝)는 일개 환관일 뿐 사람들의 관직을 올릴 수 있는 대로 올려 주었어요. 더 심한 일도 있었는데, 놀라지 마세요! 십상시의 우두머리인 장양은 '아버지', 그다음으로 세력이 큰 조충은 '어머니'라고 부를 정도였어요. 생각해 보면 그럴 수도 있는 일이에요. 환관의 손에서 태어나고 자란 황제였기에 황제들의 선택은 어쩌면 당연한 일이었어요.

심지어 이런 일도 있었어요. 환관의 횡포와 전횡을 비판하는 바른 소리 하는 학자들이나 유생들을 박해하는 것도 모자라, 평생 관직에 나갈 수 없도록 하는 '당고의 화(黨錮之禍, 당고지화)'가 일어나기도 했어요. 환관, 특히 십상시의 악랄함이 어느 정도인지 알 만하지 않으세요?

십상시들은 조정의 일을 자신들의 마음대로 처리했고, 황제의 눈을 가리고 매관매직(賣官賣職)을 일삼으며 재산을 불렸어요. 더 놀라운 일은 황건적과 내통을 한 환관도 있었다는 사실입니다. 이처럼 환관의 폐해가 심해지자 나라는 걷잡을 수 없는 혼란에 빠져들고 맙니다.

이제 황건적 이야기입니다. 황건적의 우두머리인 장각은 본래 가난한 선비였어요. 벼슬에 나가려고 몇 번을 시도했지만 뜻을 이루지 못하고 산에서 약초를 캐며 울분을 달래던 사람이었죠. 그러던 어느 날, 그가 산에서 만난 신선에게 도술을 배웠다며 '태평도'라는 종교를 만들고, 아픈 사람들을 치료하고 먹을 것이 없는 백성들에게 식량을 나눠 주기 시작합니다.

앞서도 말했지만, 당시는 나라가 나라답지 못한 때였어요. 십상시의 전횡이 극에 달했고, 귀족들은 토지를 마구잡이로 늘리면서 가난한 백성들에게 세금을 거둘 수 있는 대로 다 걷어 갔어요. 모두 가난한 시절이다 보니 옆에서 먹을 것을 주는 사람이 저 멀리 있으면서 아무런 도움도 못 되는 황제보다 백 번 좋지 않았을까요?

황제는 만백성의 어버이라고 말만 할 뿐, 환관들의 손아귀에 갇혀 세상을 보려야 볼 수 없던 때였어요. 관리나 귀족들이 온갖 방법으로 백성들을 수탈하는 데도 황제는 알지 못했습니다. 그러니 헐벗고 가난한 사람들이 구름떼처럼 태평도로 모여들 수밖에요. 머리가 비상했던 장각은 노래 하나를 만들어 시중에 퍼뜨립니다.

푸른 하늘이 이미 죽었으니, 누런 하늘이 서리라. 때는 갑자년이요, 천하가 크게 길하리라.

여기서 푸른 하늘은 한나라를, 누런 하늘은 당연히 태평도가 다스리는 세상을 말해요. 대평도를 믿는 사람들을 '황건적'이라고 부른 이유는 대장인 장각이 평소 누런 두건을 쓰고 다녔는데, 그의 수하 사람들이 따라서 모두 누런 두건을 썼기 때문에 붙여진 별칭 같은 것이었어요. 장각은 스스로 천공장군(天公將軍)이라 칭했고 두 동생 장보는 지공장군(地公將軍), 장량은 인공장군(人公將軍)이라 부르며 군사를 일으킵니다. 나라가 제구실을 하지 못하는 사이, 전국으로 세를 넓힌 장각은 나라를 움켜쥘 수도 있다고 생각한 것이죠.

전국에서 벌떼처럼 일어난 황건적을 토벌하기 위해 황제는 군대를 파견했지만, 중과부적(衆寡不敵)이었어요. 기강이 해이해진 나라의 군대는 오합지졸이나 다름없었죠. 그 와중에도 뇌물을 바라고 군대 여기저기를 기웃거리는 감찰사도 있었어요.

손권

원소

유비의 스승으로 황건적을 소탕하라는 명을 받고 조정에 들어간 노식은 훌륭한 인품으로 많은 사람들에게 존경받는 분이었어요. 그런 그가 중랑장이 되어 황건적을 이곳저곳에서 토벌하자 황건적은 십상시에게 줄을 댑니다. 십상시는 곧바로 노식의 군대에 감찰사를 파견하고, 노식이 관찰사의 뇌물 요구를 단호하게 거절하자 곧바로 파직되어 조정으로 압송되기에 이릅니다. 이 얼마나 기가 찬 일인가요. 이 정도로 한나라 말기의 상황은 암울했어요.

오히려 황건적 토벌에 공을 세운 사람들은 각 지역을 토대로 힘을 기르고 있던 군웅(軍雄)들이었어요. 조조와 원소, 손견 같은 이들은 벼슬까지 있었기에 더욱 빛나는 공적을 세울 수 있었어요. 진정한『삼국지』의 시작은 바로 이 대목부터입니다. 각자의 영지에서 힘을 기르고 있던 토호(土豪)들이 황건적의 난을 빌미로 들고 일어나 자신의 세상을 만들어 보겠다는 야망을 품기 시작한 것이죠.

이들에게 황건적의 난은 천재일우(千載一遇)의 기회이기도 했어요. 황건적을 토벌한다는 명목으로 군사를 모집하면서 군웅들은 이전보다 더 세력이 커질 수 있었기 때문이지요. 원소와 조조 등이 바로 황건적의 난을 계기로 역사의 전면에 등장한 선두주자들이었어요. 유비·관우·장비는 고작 의병을 조직해 황건적을 토벌했기 때문에 공치사 한 번 제대로 받아 보지 못했지만, 당대 영웅호걸들 사이에 이름을 올리면서 서서히 힘을 키워 갑니다.

2장

어떤 사람은 왜
무조건적인 사랑을
받을까요?

—

『삼국지』를 읽는 키워드 세 가지

복숭아꽃이 만발한 과원(果園)에서
검은 소와 흰 말을 잡아 제사를 지내고
"비록 성은 다르지만 형제의 의를 맺어
한날한시에 죽기를 원한다."라고
맹세하며 형제가 됩니다.

『삼국지』를 떠받치는
가장 큰 기둥, 유비

『삼국지』의 주인공 유비의 시작은 보시다시피 미미합니다. 의병 500명 정도가 고작이었으니 말이죠. 그러나 그런 유비가 소설『삼국지』를 지탱하는 가장 든든한 토대 중 하나입니다. 주인공이니까 당연한 것 아니냐고요? 물론 그런 측면도 있지만,『삼국지』주요 등장인물들, 특히 유비와 경쟁 관계에 있는 조조나 손권 같은 사람들은 대부분 유비와는 대조적인 모습을 보이면서 이야기를 만들어 갑니다.

　유비가 매사에 인의(仁義)를 중시한다면, 조조는 그때그때 선택의 기준이 달라집니다. 좋은 말로 해서 그렇지 조조는, 한마디로 간신의 마음을 품은 사람입니다. 맞수 조조가 이 정도라면 손권은 더 말할 것도 없지 않을까요.『삼국지』의 손권은 아버지 손견과 형 손책에게서 가업을 물려받은, 다소 우유부단한 사람으로 그려집니다. 유비가 이야기의 중심이고, 주변 사람들이 곁가지 이야기를 만들어 가는 것이죠. 그럼 유비는 어떻게 『삼국지』를 읽는 가장 중요한 키워드가 되었을까요?

『삼국지』의 유비는 그와 중국 중원을 차지하기 위해 다투는 조조나 손권 등 몇 사람에게 미움을 받을 뿐, 거의 모든 곳에서 백성의 신뢰와 존경을 받습니다. 조조는 그런 유비의 모습에 배 아파합니다. 또 하나 유비 수하에 있는 사람들 대다수는 평생 의리를 저버리지 않고 죽을 때까지 유비에게 충성합니다. 의형제를 맺은 관우와 장비는 물론, 첫 만남의 순간부터 서로를 아끼게 된 조자룡, 삼고초려 끝에 세상에 나온 제갈공명이 대표적인 사람들입니다. 그 외에도 유비 진영의 방통, 손건, 미축, 황충 같은 이들도 그런 사람들입니다. 이들은 서로를 돕고 추켜세우기도 하며 유비의 천하 통일을 고대합니다. 반면 조조나 손권 진영 사람들은 서로 시기하기가 예사입니다. 둘로 나뉘어 반목하는 경우도 많았어요.

유비의 어떤 점이 사람들로 하여금 존경과 신뢰를 보내게 한 것일까요. 어떤 사람은 왜 무조건적인 사랑을 받는 걸까요? 『삼국지』를 읽는 세 가지 키워드를 보면, 그 의문이 풀릴 겁니다.

소년 천자 유비

『삼국지』에 등장하는 인물은 대략 1,200명 정도예요. 전편에 걸쳐 이름이 등장하는 몇 명의 사람들도 있지만, 잠깐 등장하고 마는 사람들이 훨씬 더 많아요. 그 많은 사람 중 가장 유명한 이들은 평생 맞수였던 유비와 조조입니다. 그리고 유비와 도원결의를 맺은 관우와 장비도 널리 사랑받는 인물이죠.『삼국지』후반으로 가면 유비를 도운 책사(策士) 제갈량과 조조의 책사인 사마의도 나름 유명합니다.

그 유명한 사람들 중 유비라는 인물을 먼저 들여다봐야만『삼국지』의 제맛을 알 수 있어요. 그래서『삼국지』를 읽는 첫 번째 키워드는 바로 '유비'입니다.『삼국지』의 주인공은 단연 유비라고 앞서도 말했는데, 그가 잘되면 읽던 사람이 박수를 치며 좋아하고, 그가 전쟁에 패해 도망칠 때면 내 일처럼 아쉬워하는 독자들이 있을 정도죠. 사람들은 왜 유비의 일거수일투족에 울고 웃고를 반복했을까요?

유비는 본래 한나라 황실의 자손이었어요. 유비의 직계 조상인 중산정왕 유승은 전한(前漢)의 6대 황제인 효경황제의 아들이었어요. 효경황제는 유비보다 200년 전 사람이니, 먼 조상이라고 할 수 있겠죠. 황실 출신이라고 모두 잘 살 수 있었던 것도 아니에요. 권력에서 멀어지면 누구 하나 신경 쓰지 않던 시대였으니까요. 유비도 아버지가 일찍 돌아가셨기 때문에 생계를 위해 돗자리와 짚신을 만들어 팔며 홀어머니를 모시고 삽니다.

가난하고 볼품없는 삶이었지만 꿈만은 누구보다 컸어요. 유비는 어려서부터 황실의 후손임을 자랑스럽게 여기며 늘 몸가짐을 새롭게 했어요. '소년 천자'라고 불릴 정도로 의젓했고, 생각도 남달랐어요. 나름

대로 공부도 게을리하지 않았어요. 당대 유명한 학자인 노식 문하에 들어가 훗날 동탁 토벌군의 한 축을 이룬 공손찬과 함께 공부합니다. 보통 이렇게 훌륭한 사람들에게는 '하나를 들으면 열을 알았다.'라는 표현을 상투적으로 쓰게 마련인데, 『삼국지』에는 그런 말이 나오지는 않네요.

유비는 생김새도 범상치 않았어요. 보통의 사람이라면 자기 귀를 직접 볼 수 있을까요? 모르긴 해도 그런 사람은 아무도 없을 겁니다. 하지만 유비는 거울 없이도 자기 귀를 직접 볼 수 있을 정도로 귀가 컸다고 해요. 그래서 사람들은 유비의 큰 귀를 칭찬하며 높은 사람이 될 거라는 이야기도 자주 했죠. 옛날 문헌을 살펴보면 이런 얼굴상은 부처의 귀와 그 외의 특이한 모습을 조합하여 중국 삼국시대 이후 영웅의 모습 중 하나로 자리 잡았다고 해요.

그런가 하면 유비는 팔도 유별나게 길었어요. 『삼국지』의 표현에 따르면 팔이 무릎 정도까지 내려왔다고 해요. 엄청나죠. 요즘 같으면 이런 특이한 모습은 놀림거리가 될 법하지만, 당시에는 귀한 사람의 상이라고 했어요. 사람들은 저마다 다를 수밖에 없어요. 외모도 성격도 천차만별이죠. 오히려 특이한 모습을 칭찬해 주는 옛사람들의 지혜를 좀 더 배워야 하지 않을까요.

도원결의, 평생 함께할 형제를 만나다

심지가 굳고, 특이한 외모가 귀한 상인 것만은 분명하지만 돗자리와 짚신을 만들어 팔면서 천하를 통일할 수는 없는 노릇이죠. 그래서 청년 유비는 틈나는 대로 시장통에 나가 세상 돌아가는 일을 살펴 뒀어요. 황건적의 소식이 대부분이었는데, 급기야 유비의 고향인 탁군이라는 시골까지 황건적의 손길이 미쳐 오지요. 관가에서는 관병을 모집하기에 이르고, 유비도 그 방문을 유심히 보게 되죠.

그러던 중 관군에 지원하러 가는 관우와 장비를 만나고, 마침내 도원결의를 함으로써 형제가 되어, 황건적을 물리치기 위해 나섭니다. 『삼국지』에는 나오지 않아 알 수 없지만, 세 사람은 이런 생각도 했을 수 있어요. 관군에 지원해 병졸이 되어 싸우는 것보다 의병을 조직해 대장이 되는 게 좋을 수 있다고요. 어디까지나 저의 추측이지만 사람 속은 알 수 없으니 그렇게 한번 생각해 본 것입니다.

의병을 조직하면서 삼 형제는 평생 자신을 대표하는 무기를 만들게 됩니다. 유비는 쌍고검을, 관우는 청룡언월도를, 장비는 장팔사모를 만들어요. 유비는 한 무리의 대장이기 때문에 직접 싸움에 나서는

청룡언월도

장팔사모

쌍고검

일이 거의 없었지만, 관우와 장비는 각각 청룡언월도와 장팔사모를 들고 천하를 호령합니다.

반면 유비는 화려한 무기와는 달리 수많은 전쟁에서 패해 자웅을 겨루던 사람들에게는 놀림거리가 됩니다. 그런데도 가는 곳마다 인의로 백성을 대해 그에 대한 신망은 높아져만 갔어요. 마침내 촉나라를 세워 1대 황제가 되어 천하를 통일하려고 하는 인물이 바로 유비입니다.

전략적으로 우유부단함을 선택한 유비

간단한 설명만 보면 위대한 사람처럼 보이죠. 하지만 『삼국지』 속 유비는 총명했던 어린 시절과는 달리 현명한 책사(策士) 제갈공명을 얻은 이후로는, 물론 그전에도 그럴 때가 많았지만, 무엇 하나 스스로 결정하지 못했어요. 당시 현자(賢者)들 사이에서는 "와룡(臥龍, 제갈량)과 봉추(鳳雛, 방통) 중 한 명만 얻어도 천하를 통일할 수 있다."라고 했지만, 유비는 두 사람 모두를 얻고도 천하 통일을 이루지 못했거든요. 그 이유를 유비의 우유부단함에서 찾는 것은 어쩌면 당연한 일일지도 모릅니다.

큰 귀와 긴 팔 외에는 영웅적인 면모가 크게 보이지 않는 유비를 탐탁지 않게 여기는 사람들은 "눈물로 천하를 얻으려 한다."라고 조롱하기도 해요. 실제로 유비는 결정적인 순간마다 눈물을 흘렸고, 거기에 감동한 사람들이 저마다의 역할을 하며 나라의 기틀을 세워 갑니다. 칼보다 눈물이 힘이 센 것일까요, 유비는 눈물이라는 칼을 잘 사용한 인물이라고 해 두는 게 좋을 것 같습니다.

하지만 유비의 성격에 대해 다른 설명을 하는 학자들도 있어요. 중국의 한 역사학자는 유비의 우유부단함은 계획된 것이라고 주장해요. 숙적 조조를 속이고 마음이 해이해지도록 만들기 위해 철저하게 계산한 것이라는 말입니다. 유비가 남겼다는 "조조가 조급하게 굴면 나는 느긋하게 했고, 조조가 사납게 굴면 나는 어질게 했으며, 조조가 속이면 나는 정직하게 했소. 늘 조조와 정반대로 했더니 일이 비로소 이루어졌소."의 속뜻을 더듬어 보면, 대업을 이루기 위해 전략적으로 우유부단함을 선택했다고도 볼 수 있어요.

유비가 조조의 그늘에 잠시 있을 때였어요. 조조는 천하를 다툴 사람으로 유비를 지목하고 있었지만, 유비는 조조의 진영에 있는 동안, 요즘으로 치면 텃밭 가꾸기에 골몰합니다. 벌레 한 마리를 잡고는 좋아하고, 밭에 물 한 번 주고 허허실실 웃으며 지냅니다. 그러던 어느 날 조조가 술이나 한잔하자며 승상부로 유비를 초대합니다. 마침 관우와 장비도 곁에 없는데 말이죠.

혈혈단신 조조를 찾아간 유비는 조심 또 조심합니다. 그런 모습을 간파한 조조가 "천하에 영웅은 당신과 나 둘뿐"이라며 유비를 떠봅니다. 속마음을 들킨 유비는 들고 있던 젓가락을 떨어뜨리는데, 마침 그때 하늘에서 천둥 번개가 요란하게 울립니다. 요란한 천둥 번개가 무서운 척상 밑으로 몸을 숨기기까지 합니다. 상 밑에서 나온 유비는 이렇게 말합니다.

저는 어려서부터 천둥소리에 겁을 내서, 천둥소리만 들리면 숨을 곳이 없나 늘 걱정했습니다.

조조가 "아니, 유 장군 같은 분이 천둥 번개를 무서워하다니요?"라고 대꾸하지만, 이미 조조의 마음은 한껏 풀어진 상태였습니다. 유비를 견제하던 마음이 조금 누그러진 것이죠. 어떠세요? 의심이 많은 조조를 속이려고 유비는 서민들이나 하는 텃밭을 가꾸고, 천둥소리에 놀라는 척한 것이지요. 뒤늦게 찾아온 두 동생 관우와 장비에게 이렇게 말합니다.

내가 뒤뜰에다 채소밭을 일군 것은 조조로 하여금 나를 쓸모없는 존재로 여기게 하기 위해서였다. 수저를 떨어뜨린 것은 조조가 나를 영웅이라고 한 말에 놀랐기 때문이었고, 천둥 번개가 두렵다고 한 것은 조조가 나를 소인배로 여기도록 함이었다. 그래야 조조가 나를 해칠 마음을 품지 않을 것 아닌가?

거대한 이야기의 시작, 유비

전략적으로 우유부단함을 선택했다는 말, 조금은 이해가 되지요? 유비가 우유부단함을 일부러 선택한 것을 알 수 있는 단어도 있어요. 유비를 묘사할 때 한 번 등장하는 단어인데요. 손권의 모사인 노숙이 유비를 일러 "천하의 효웅(梟雄)"이라고 말하는 대목이 있어요. 여기서 효웅이란 "결코 남에게 길들여지지 않는다."라는 의미로 널리 쓰이지만 "매우 사납다."라는 뜻도 있어요. 실제로 유비는 당대 최고 실력자인 조조나 원소에게 잠시 몸을 맡긴 적은 있지만, 신하가 아닌 귀한 손님으로 대접을 받았어요. 유비는 평생 누군가에게 머리를 숙인 적이 없다는 것이죠. 생각해 보면 참 대단한 인물이 아닐 수 없어요.

하지만 유비는 사람의 마음을 얻고 지키는 데는 우유부단하지 않았어요. 젊은 시절 만나 의형제를 맺은 관우와 장비와는 평생 형제의 정을 저버리지 않았고, 삼고초려(三顧草廬) 끝에 제갈공명을 얻은 후에는 죽을 때까지 신뢰했죠. 전란의 와중에 유비를 따라 피난을 나선 백성들도 있었으니, 그것만으로도 유비는 『삼국지』의 주인공이 될 만한 인물입니다. 중국 사람들은 옛날부터 지도자의 덕목으로 능력보다는 인덕을 중요하게 여겼어요. 유비가 거기에 딱 맞는 인물이죠.

유비는 사실상 『삼국지』라는 거대한 이야기의 시작이라고 할 수 있어요. 역사의 기록만 보면 변방에서 일어난 군웅 정도지만, 소설 『삼국지』만큼은 철저히 그로부터 시작해서 그에게서 마친다고 해도 과언이 아닙니다. 국내 소설가들이 쓴 『삼국지』 시작은 대개 유비·관우·장비

형제의 만남과 도원결의입니다. 그게 아니라면 유비의 어린 시절 총명함을 드러내는 장면으로 시작하죠. 이런 사실만으로도 유비는 『삼국지』를 읽는 첫 번째 키워드가 되기에 충분합니다. 유비라는 사람 위에 『삼국지』가 서 있다고 하면 지나친 과장이겠지만, 두 번째와 세 번째 키워드인 의형제와 제갈공명의 토대가 된다는 점에서도 유비는 눈여겨봐야 하는 인물임에 틀림없습니다.

의형제의 나라 중국

의형제, 유비 · 관우 · 장비 말고도 많다?

『삼국지』에는 수많은 관계가 등장해요. 기본적으로는 군주와 신하의 관계도 가장 많이 등장하고, 가족 관계도 흔하게 나와요. 정적(政敵) 관계도 『삼국지』를 떠받치는 하나의 축이에요. 그런데 『삼국지』를 지탱하는 독특한 관계, 중국에서는 지금도 여전히 중요한 관계가 하나 있는데, 바로 의형제입니다. 『삼국지』의 주인공 격인 유비 · 관우 · 장비가 바로 의형제라는 사실, 다들 아시죠.

제가 『삼국지』를 처음 읽은 그해 겨울방학 당시, 제 세상은 사춘기 청소년이 대개 그렇듯, 친구가 세상의 전부였어요. 그중 세 명의 친구들과 아주 친했는데, 온종일 봉화산을 오르내리기도 했고, 어떤 날은 따뜻한 방 안에 둘러앉아 이런저런 잡담을 하며 시간 가는 줄 몰랐어요. 그 친구들과는 지금도 종종 만나는데, 그때 이런 생각을 했습니다. '우리 넷 중 유비는 누구며, 관우·장비를 맡을 사람은 누굴까. 지혜로운 공명은 누가 뭐래도 내가 해야겠지.' 등등 이런 생각들 말이에요. 친구가 전부인 시대였기에 가능한 상상이었고, 『삼국지』가 그에 걸맞는 도구였다고도 할 수 있을 듯합니다.

다시 의형제 이야기로 돌아가 보죠. 세 사람은 황건적을 무찌르고 세상을 바로잡고자 복숭아꽃이 만발한 과원(果園)에서 검은 소와 흰 말을 잡아 제사를 지내고 "비록 성은 다르지만 형제의 의를 맺어 한날한시에 죽기를 원한다."라고 맹세하며 형제가 됩니다. 그 유명한 도원결의 장면이죠.

이 대목에서 『삼국지』의 팬들은 이미 눈물을 한바닥 쏟아내고 시작해요. 물론 세 사람이 죽은 날은 다 달랐지만, 평생 형제의 의를 한 번도 저버린 적이 없으니 『삼국지』를 대표하는 의형제라고 할 수 있을 거예요.

물론 유비·관우·장비 외에도 『삼국지』에는 여러 의형제들이 등장해요. 오나라의 군주 손책과 수려한 용모를 자랑하는 책사 주유도 의형제였고, 한때 조조와 맞서는 마등과 한수라는 사람도 의형제였어요. 하지만 『삼국지』에 등장하는 대개의 의형제들은 유비·관우·장비 의형제의 명성에 밀려 잘 알려지지 않았습니다. 그리고 대개의 의형제 관계가 손책과 주유를 제외하면 자신들의 이익을 좇아 맺은 터라 유비·관우·장비의 의형제만 더 부각시켜 주는 형국이 되었어요.

의형제와 꽌시의 나라 중국

궁금하지 않으세요. 왜 중국 사람들은 의형제를 맺는 걸까요? 특히『삼국지』의 여러 의형제 중 유비·관우·장비를 좋아하는 걸까요? 정답부터 말씀드리지요. 의형제는 중국 사람들 사이에서 굉장히 중요한 인간관계이기 때문이에요. 혹시 옛날 중국 영화에 관심이 있나요? 1980년

영화「영웅본색」포스터

대 말, 그러니까 여러분의 아버지와 어머니 세대가 중·고등학생이었을 때 「영웅본색」이라는 영화가 유행했는데요. 주윤발·장국영 같은 당시 대스타들이 이 영화에서 의형제로 등장해요. 그 대스타들의 외양과 옷맵시를 여러 사람이 따라 했던 것이 생각나네요.

어쨌든 이처럼 많은 중국 소설과 영화에 의형제가 등장합니다. 중국 사람들이, 특히 고전문학에 등장하는 남자들이 의형제를 맺는 이유는 공자님과 맹자님에게서 시작한다고 볼 수 있어요. 공자님과 맹자님의 가르침은 가족 관계가 그 시작이에요.

강진석 한국외대 교수님의 『중국의 문화코드』에 따르면, 공자님과 맹자님의 가르침의 기본은 인륜(人倫), 즉 "자기와 친한 자를 친하게 대하고, 현명한 자를 현명하게 대하는 것"입니다. 사람이라면 누구나 갖고 있는 마음, 즉 인지상정(人之常情)이죠. 여기서 중요한 점은 앞부분 "자기와 친한 자를 친하게 대하는" 것인데, 이를 친소(親疏)의 원리라고 보통 이야기해요. 우리 모두가 그렇죠. 친한 사람에게 잘해 주고, 덜 친한 사람에게는 데면데면하고.

더 많은 내용이 있지만, 중요한 것은 중국의 역사 속에서 공자님과 맹자님의 가르침이 중국 사람들의 보편적 정서가 되었다는 사실입니다. 이런 보편적인 정서에 혈연적인 요소와 지역적인 요소가 결합했고, 오늘날 중국 사람들을 설명하는 중요한 키워드인 관계, 즉 꽌시(關係)가 태어났습니다. 의형제는 이런 배경 속에서 태어난 중국 사람들의 특이한 문화라고 할 수 있어요. 『삼국지』에 등장하는 유비·관우·장비가 도원결의하고 평생 그 맹세와 정을 저버리지 않은 것이 하나의 좋은 모델이 됨으로써, 중국 사람들의 가슴에 아직까지 남아 있는 것이죠.

의형제가 『삼국지』를 읽는 두 번째 키워드인 이유는 바로 이 때문입니다. 의형제로 대표되는, 평생 그 맹세와 정을 저버리지 않는 관계는 중국 사람들은 물론 『삼국지』가 인기인 한국과 일본에서도 중요한 덕목입니다. 동아시아 사람들은 오랜 옛날부터 가족의 끈끈한 정을 바탕으로 많은 일을 해 왔어요. 가족 관계 안에서 모든 것을 해결할 수만 있다면 그것이 가장 좋은 방법이라고 생각했던 것이죠.

큰형 유비가 만든 세계

하지만 가족은 집단 자체가 작고 연약한 경우가 많기 때문에 새로운 관계인 의형제를 맺고 더 큰 일을 함께 도모하는 거예요. 유비·관우·장비가 탁현의 시장통에서 만나지 않았다면 의형제도 없고, 결과적으로 『삼국지』가 아예 태어나지 않았거나, 아니면 오늘 우리가 읽는 『삼국지』와는 다른 작품이 되었을 것입니다.

또 하나, 의형제가 중요한 이유는 서로의 단점을 보완하고 장점을 크게 키워 주기 때문이에요. 유비·관우·장비 형제만 봐도 단박에 알 수 있어요. 유비는 큰 뜻을 품었지만 홀어머니 밑에서 돗자리와 짚신을 만들어 팔면서 자랐어요. 믿고 의지하면서 세상을 바꿀 수 있는 주변 사람들이 없었던 것이죠. 그런 유비에게 출중한 무공과 함께 의를 중시하는 관우와 과격한 듯하지만 불의를 보면 참지 못하는 장비는 안성맞춤이라고 할 수 있어요. 유비가 갖지 못한 능력을 두 동생이 채워 준 거예요.

어디 유비에게만 유익했을까요. 유비라는 큰 그릇의 지지와 성원은 한낱 필부(匹夫)로 시골 장터에서 여러 상인의 민원이나 해결해 주며 일생을 마쳤을 관우를 천하를 호령하는 대장군으로 만들었어요. 한나라의 정통을 이을 수 있는 유비라는 큰 그릇은 사실상 대의명분을 생명처럼 여기는 관우에게는 그지없이 좋은 울타리였어요. 불의를 참지 못하는 장비 또한 관우에게 자극이 되었어요.

장비도 마찬가지예요. 장비는 주먹이 먼저 나가는 불퉁스러운 성격이었는데, 유비와 관우의 가르침과 형제애 덕에 역사에 이름을 남긴 장수가 되었어요. 유비의 유순함이 장비의 성마른 성격을 보완했고, 관우의 자중자애가 이글거리는 장비의 마음을 다독일 때가 『삼국지』에는 무수하게 많이 등장합니다. 만약 유비가 없었다면, 이 세 사람이 의형제를 맺지 않았다면, 우리가 그토록 사랑하는 『삼국지』는 지금 이런 모습이 아니었을 겁니다.

지혜의 화신 제갈공명

제갈공명은 다 계획이 있구나!

『삼국지』를 읽는 세 번째 키워드는 바로 제갈공명이에요. 제갈공명의 본명은 제갈량으로, 공명은 그의 자(字)입니다. 옛날에는 남의 이름을 함부로 부르지 않았기 때문에 장가를 가거나 시집간 후에 새로 이름 (字)을 지어 본명 대신에 썼는데요. 친구 등 지인이 지어 주기도 하지만, 본인이 직접 짓기도 했어요. 자는 영예롭거나 칭찬할 때 주로 쓰여요.

『삼국지』에 등장하는 제갈공명은 지혜의 화신이에요. 『삼국지』에는 지혜로운 사람이 엄청나게 많이 등장해요. 사마의, 서서, 주유, 노숙처럼 전면에 나서서 그 지혜를 드러내는 사람이 있는가 하면 모습을 드러내지 않고 재야에서 유유자적하는 은둔형 천재도 많이 등장해요. 하지만 그 누구도 공명의 지혜를 따를 수 없어요.

스마트폰 게임 중에 『삼국지』에 대한 문제를 맞추는 '삼국지 퀴즈'라는 앱이 있었어요. 거기서 문제를 출제하는 사람의 캐릭터가 바로 제갈공명입니다. 제갈공명이 문제를 출제하는 이유는 무엇일까요? 제갈공명만큼 『삼국지』를 잘 이해하는 사람은 없기 때문이 아닐까요? 요즘 말로 판을 볼 줄 아는 사람이라고나 할까요. 영화 「기생충」을 패러디해 보면 제갈공명은 '다 계획이 있는 사람'인 셈이죠.

실제로 그는 유비에게 스카우트된(?) 직후 위·촉·오, 즉 삼국을 형성하는 큰 계획을 보여 주기도 해요. 보통 그 큰 계획을 천하삼분지계(天下三分之計)라고 부르곤 하지요. 중국 대륙을 세 개로 나누는 천하삼분지계는 결국 『삼국지』라는 이름을 만든 원천이기도 한데요, 어쩌면 제갈공명의 생각에서 소설 『삼국지』가 제대로 된 꼴을 갖춘다고 할 수도 있습니다. 그 외에 크고 작은 계획은 이루 말도 다 할 수 없는 정도이죠.

그런 점에서 제갈공명은 『삼국지』의 이야기를 이끌어 가는 하나의 커다란 축이에요. 저는 『삼국지』를 두 장면으로 구분한다면, 제갈공명의 등장 이전과 이후로 나누고 싶어요. 제갈공명의 등장 이전까지는 사실상 삼국의 싸움이 아니라 군웅들의 할거에 이은 조조의 독주라고 할 수 있어요. 황건적의 난을 진압하고, 동탁의 폭정을 물리치고, 그 과정에서 조조는 빛나는 활약을 펼쳐요.

하지만 유비가 삼고초려 끝에 제갈공명을 불러낸 후로는 서서히 삼국이 정립됩니다. 사람 한 명이 세상에 나온 결과치고는 대단하지 않나요. 그러니 제갈공명은 『삼국지』를 이해하는 하나의 키워드라고 하기에 충분합니다. 제갈공명은 훗날 위나라를 정벌하기 위해 촉한의 2대 황제 유선에게 '출사표'를 올리는데, 거기에 이런 대목이 있어요.

선제(先帝)께서 신을 비루하게 여기지 않으셔서 세 번이나 몸을 낮추어 초려를 찾아 주시고, 신에게 친히 형세의 일을 물으시니 신은 감격하여 선제께 이 한 몸 바치리라고 결심하였습니다.

신하 하나를 얻기 위해 스스로 몸을 낮춘 유비에게 제갈공명은 깊이 감동했어요. 그 은혜에 보답이라도 하듯, 삼고초려 이후 세상에 나온 제갈공명의 활약은 실로 눈부십니다. 가장 큰 공적은 적벽대전이에요.

『촉한 제갈무후 출사표』 조선 시대 중기의 서예가인 석봉 한호가 옮겨 쓴 제갈공명의 『전출사표(前出師表)』를 목판으로 인쇄한 책이다.

그 유명한 동남풍을 불게 해서 유비의 세력이 공고해지도록 한 것이죠. 이후 촉나라의 영토가 되는 형주, 익주 등을 손에 넣는데도 공명은 탁월한 전략을 선보입니다.

유비의 큰 뜻이었던 한나라 중흥과 천하를 통일하기 위해 배후를 든든히 해야 했던 제갈공명은 남만(南蠻)을 먼저 정복해요. 하지만 힘으로 남만을 굴복시키지 않았어요. 힘으로 굴복시키면 험난한 지리적 특성상 곧 다시 반란을 꾀할 것이 분명해 보였기 때문이죠. 공명은 남만의 군주 맹획을 일곱 번 잡았다가 일곱 번 놓아 준 끝에 마음으로 따르도록 만드는데, 이 대목은 『삼국지』를 읽는 백미 중 하나예요.

항상 실리를 추구하는 병법을 동원했던 공명은 남만에서만큼은 지구전을 벌였고, 끝내 그곳 사람들의 마음을 얻는 데 성공합니다. 남만을 지금의 베트남 지역이라고 하는 사람도 있는데, 남쪽에 사는 오랑캐, 즉 한족이 아닌 이민족을 이르는 말이에요. 요즘으로 치면 중국 서쪽에 사는 소수민족이라고 할 수 있어요.

제갈공명의 가장 빛나는 순간

제가 생각하기에 제갈공명의 삶에서 가장 빛나는 대목은 한평생 믿고 따랐던 유비로부터 자신의 아들을 지켜 달라는 부탁을 받았을 때입니다. 촉나라를 세우고 유비는 신하들의 뜻을 따라 황제가 돼요. 하지만 얼마지 않아 평생 믿고 의지했던 아우인 관우가 오나라의 계략에 말려들어 목숨을 잃습니다.

둘째 형의 원수를 갚고자 절치부심하던 장비는 무리한 명령을 받아들이기 어려웠던 부하 두 사람에 의해 목숨을 잃죠. 두 아우를 한꺼번에 잃은 유비는 군사를 몰아 원수의 나라가 된 오나라를 치지만, 이릉대전에서 오나라의 장수 육손의 화공(火攻)에 대패해 퇴각해요.

복수를 위한 전쟁을 말리던 제갈공명을 볼 면목이 없는 유비는 백제성에서 몸져누워요. 유비는 부랴부랴 달려온 제갈공명에게 자신의 아들 유선을 당부합니다. 어린 태자를 도와 훌륭한 황제를 만들어 달라고 부탁한 것이죠. 하지만 놀라운 일은 그 뒤에 이어지는 말이에요. 정비석 선생의 『삼국지』는 유비의 말을 이렇게 전합니다.

승상! 짐이 죽는 마당에 이제 무엇을 숨기겠소. 태자 선이 아직 나이가 어려 그의 재질을 알 길이 없구려. 태자가 만약 제왕의 그릇이 못 되거든 승상 자신이 보위에 올라 촉의 만백성에게 평화와 복을 내려 주기 바라오.

한 줌의 권력이라도 가지고 있으면 자신은 물론 대대손손 누리고 싶어 하는 게 사람의 마음인데, 유비는 제갈공명에게 단도직입적으로 황제가 되라고 말해요. 물론 어린 태자가 "제왕의 그릇이 못 되거든"이라는 단서가 있지만, 얼마나 놀라운 제안인가요. 저 같으면 이런 말은 입에도 꺼내지 못했을 거예요. 저만 그런 건 아니겠죠?

이런 말을 할 수 있다는 것은 유비의 그릇이 그만큼 크다는 것을, 그가 나라의 평안과 백성의 안위를 늘 염두에 두고 있었다고 볼 수 있는 대목이에요. 흔히 그렇게 해석하고 있지요. 하지만 종종 이런 해석도 보여요. 죽는 순간까지 유비는 영악했다는 거예요. 유비는 많은 사람들이 보는 앞에서 제갈공명의 충성을 다짐받고 싶었다는 것이죠. 황제의 자리까지 주려고 한 사람의 은혜를 어찌 잊을까, 이게 유비의 마음이었다는 것입니다.

저는 문자 그대로의 유비 마음에 한 표를 주고 싶습니다. 『삼국지』 내내 이어진 유비의 진심은 언제나 변함이 없었으니까요. 이런 사연들이 엮이면서 제갈공명은 『삼국지』의 내용 구성을 자신의 등장 이전과 이후로 나뉘도록 합니다. 그만큼 출중한 인물이었으니까요.

탁월한 전략가 제갈공명

제갈공명의 출중함은 그의 군사전략에도 나타나요. 제가 『삼국지』를 공명의 등장 이전과 이후로 나누는 이유도 이 때문이에요. 공명이 세상에 나온 이후 전쟁의 방법이 서서히 바뀌기 시작해요. 한학자 김구용 선생님이 번역한 '정본완역' 『삼국지』의 첫 전투는 유비·관우·장비가 의병 500명을 거느리고 황건적을 무찌르는 장면이에요. 유비가 황건적과 맞서 이렇게 소리칩니다.

나라를 배반한 역적아! 어째서 속히 항복하지 않느냐.

5만 명의 수하를 거느린 황건적의 중간 두목 정원지는 화가 나서 부장 등무를 싸움터에 내보냅니다. 유비 진영에서는 장비가 아무 말도 없이 1장 8척의 장팔사모를 휘두르며 달려 나갑니다. 장비가 "손 한 번 놀리니" 등무는 말에서 떨어져 죽고 말죠. 자신의 부장이 죽자 정원지가 달려 나오지만 곧바로 관우가 응수합니다. 정원지는 "미처 손쓸 사이도 없이 칼에 맞아 두 토막"이 나고야 말았습니다. 이 전쟁의 결말은 어떻게 되었을까요?

두목이 죽자 황건적들은 "창과 칼을 버리고 뿔뿔이 달아나는데" 유비는 군사를 몰아 이들을 격퇴합니다. 물론 항복하는 자들은 기꺼이 살려 주죠. 『삼국지』의 첫 장에 등장하는 이 같은 전쟁 패턴은 다소 차이가 있지만 공명의 등장 직전까지 계속돼요. 양 진영에서 가장 뛰어난 장수들이 일대일로 겨루고, 그 결과에 따라 전투의 승패가 결정되는 것이죠.

계략이 있다고 해도 산 위나 계곡 뒤에 매복해 시간 차로 공격을 하는 것이 전부였어요. 공명이 삼고초려 후 신야성에서 하후돈이 지휘하는 조조의 군대를 물리친 것이 이 같은 방법이었어요. 하지만 스물여덟에 초려에서 나와 30년 가까이 지난 후 벌어진 북벌, 즉 출사표를 후주 유선에게 바치고 위나라를 정벌할 때는 양상이 완전히 달라져요. 장수들의 일대일 대결과 매복 등이 사라진 것은 아니지만, 이때부터는 완전한 전략 대결로 전쟁의 양상이 바뀌게 돼요. 진법을 벌이고 그 진법을 부술 수 있는가, 이것이 전쟁의 승패를 가늠하는 가장 큰 방법이 된 것이죠.

공명은 30년 가까이 군사를 거느리고 전쟁을 수행하면서 과거의 진법들을 연구하고 발전시켜 팔진도(八陣圖)라는 새로운 진법을 창안합니다. 공명은 팔진도를 훈련, 행군, 숙영(宿營), 전투에 활용했다고 하는데 위나라의 사마의도, 오나라의 육손도 그의 병법에 감탄했다고 해요. 제갈공명에 대한 역사서『삼국지』의 평가도 이를 증명합니다.

물론 군사를 통솔하는 능력에 대해서는 다른 의견이 있어요. 대개의 역사서는 공명이 군사 전략가라기보다는 행정가로 더 능력이 출중했다고 기록하고 있어요. 역사서『삼국지』의 저자 진수 역시 제갈공명이 백성을 안정시키고 가야 할 길을 제시하고, 시대에 맞는 정책을 추진하였다고 평가해요. 모든 관료와 대신들에게 신상필벌을 명확히 했음에도 다른 의견을 말하는 사람이 없었을 만큼 공명은 자기 자신에게도 엄격한 사람이었어요. 촉나라의 승상 정도의 지위라면 많은 재산을 가졌을 법도 한데, 그가 죽은 후 남긴 재산은 뽕나무 800그루와 얼마 안 되는 농토가 전부였다고 해요. 그렇다고 해서 소설『삼국지』에서의 공명의 활약을 도외시할 수는 없어요. 그럼『삼국지』를 읽는 재미도 반감되기 때문이죠.

지금까지『삼국지』를 이해하는 세 가지 키워드에 대해 알아보았는데요.『삼국지』를 이해하기 위한 밑바탕은 이제 얼마간 쌓였다고 보시면 됩니다. 그런데『삼국지』를 이해하는 세 가지 키워드가 모두 촉나라와 관련이 있어요. 그럴 수밖에 없는 것이 대개의『삼국지』가 촉한 정통론, 즉 한나라의 뒤를 이은 나라가 유비가 세운 촉나라라고 지지하기 때문입니다. 조선 시대 사람들이 울고 웃으며 들었던 판소리「적벽가」도 유비의 촉나라와 그 토대가 된 제갈공명을 주인공으로 하고 있어요.

어떤가요?『삼국지』라는 거대한 이야기의 중심에 유비라는 인물이 있습니다. 유비로 인해『삼국지』라는 이야기가 오늘날 우리에게 전해졌다고 해도 과언이 아니죠. 유비의 어떤 점이 사람들의 신뢰와 존경을 이끌어 냈을까요? 그건 아마도『삼국지』의 나머지 주인공들이 보여 준 태도와는 결이 달랐기 때문일 거예요. 유비는 힘없고 가난한 백성들과 함께 울고 함께 웃었던 인물이에요. 자기를 따라 피난길에 나선 백성들을 보며 그는 강물에 뛰어들려고 한 적도 있습니다. 자신만 없으면 백성들이 이런 고초를 겪지 않아도 된다고 생각했기 때문이지요.

이런 행동이 백성들에게 동정을 이끌어 내기 위한 '퍼포먼스'였다고 평가절하하는 사람들도 있지만, 유비의 모든 행동은 진심이었을 거라고 믿고 싶습니다. 거대한 이야기『삼국지』가 그랬던 것처럼요.『삼국지』를 떠받치는 기둥에 대해 살펴보았으니, 그럼 이제『삼국지』의 분수령이 된 사건들을 만나러 가 볼까요?

3장

어떤 일들은 왜 더 특별하게
느껴지는 걸까요?

—

『삼국지』의 분수령이 된 사건들

형님께서 몸소 두 번이나 찾아간 것도 지나친 예를 표한 것인데,
세 번이나 찾아가는 것은 당치않은 일입니다. 공명이 형님을
피하는 것은 필시 허명(虛名)만 높고 자신이 없어서일 것입니다.
그런 사정도 모르고 또다시 찾아간다면 남들이 비웃습니다.

삼고초려, 『삼국지』 최고의 분수령

주변 사람들에게 "요즘 어떻게 지내?"라고 물으면 "다람쥐 쳇바퀴 도는 듯해."라고 대답하는 경우를 종종 보셨을 거예요. 애완용으로 키우는 다람쥐 우리를 보면 쳇바퀴가 있는데, 그곳에서 다람쥐는 야생의 본능을 해소합니다. 야생에서는 들로 산으로 뛰어다니는 데 반해, 쳇바퀴에서의 질주는 항상 제자리일 뿐이죠.

현대인의 삶도 이와 비슷할 때가 많아요. 회사에 다니는 사람은 아침에 눈을 뜨면 곧바로 회사로 출근하고, 온종일 업무에 시달리다가 퇴근해서 잠깐의 여유를 즐기고 다시 잠자리에 듭니다. 내일 아침이면 똑같은 하루가 다시 시작됩니다. 이 책을 읽고 있는 청소년들도 마찬가지일 거예요. 아침에 눈 뜨면 학교로 달려가야 하고, 학교 수업이 끝나면 다시 학원으로 발걸음을 옮겨야 하죠. 다른 생각할 틈도 없이 오직 비슷

비슷한 일만 계속되는 하루하루를 보내요. 이런 걸 다람쥐 쳇바퀴 돈다고 하죠.

하지만 생각해 보면, 그 비슷비슷한 일상이 모여 우리의 삶이 되고 개인의 역사가 됩니다. 개인의 역사가 모여 작게는 공동체·국가·민족의 역사가 되고, 종국에는 우리가 '역사'라고 부르는 거대한 이야기가 완성되지요. 그런데 중요한 것은 그 역사의 사이사이에, 역사와 역사를 이어 주는 중요한 단서들이 있다는 사실입니다. 요즘은 '터닝 포인트'라는 말도 많이 사용하는데, 보통 '역사의 분수령'이라고 부르곤 하죠.

소설 『삼국지』에도 이야기의 흐름을 바꾸는 중요한 '분수령'들이 있었어요. 그 사건들을 기점으로 『삼국지』의 이야기가 훨씬 깊어지고 넓어지기 때문입니다. 어떤 사건이기에 『삼국지』의 이야기를 더 깊어지고 넓어지게 했는지 이제 알아볼까요?

경천위지 신산귀모 같은 사람 제갈공명

다시 『삼국지』의 커다란 이야기로 돌아가 볼까요? 『삼국지』의 주인공은 유비이기 때문에 전체 이야기가 그를 중심으로 돌아간다는 말은 여러 번 했죠. 그 유비를 『삼국지』의 주인공으로 만든 사람은 단연 제갈공명이에요. 유비는 공명을 얻기 위해 무려 세 번이나 그의 집을 찾아가요. 삼고초려(三顧草廬), 한자만을 그대로 풀이하면 "초가집을 세 번 돌아보다."인데, 오늘날에는 인재를 맞아들이기 위해 심혈을 기울여 노력한다는 뜻으로 자주 쓰여요.

당시 유비는 형주를 다스리는 집안의 형님인 유표의 호의로 신야라는 작은 성에 머물고 있었어요. 그때 서서라는 사람을 만나는데, 그는 대단히 지혜로운 사람이었어요. 그는 어려서부터 무예를 연마했고 의협심마저 강해 남을 대신해서 원수를 갚고는 도망 다니던 중이었어요. 그런 서서가 유비를 찾아와 자신의 식견을 밝히고 곧바로 책사로 기용됩니다. 서

삼고초려 장면을 묘사한 조선 시대 그림

서가 군대를 훈련시키자 효과가 곧바로 나타나 군대의 질서가 엄정해졌어요. 하지만 서서는 조조의 농간에 속아 유비를 떠나게 되었는데, 그때 그가 천거한 사람이 바로 제갈공명이에요. 서서는 공명을 이렇게 소개합니다.

옛날 사람으로 치자면 주(周)나라의 태공망(太公望)이나 한(漢)나라의 장자방(張子房) 같은 희세(希世)의 대현인입니다.

태공망은 '강태공'이라는 이름으로 널리 알려졌는데, 중국 주나라의 문왕을 도와 주나라를 건국하는 데 일등 공신이 된 인물이에요. 장자방의 본명은 '장량'인데, 유방을 도와 한나라를 세우는 데 뛰어난 공을 세워요. 한나라의 초대 황제 유방이 "군막에서 계책을 세워 천리 밖에서 벌어진 전쟁을 승리로 이끈 것이 장자방이다."라고 극찬할 정도로 뛰어난 전략가가 바로 장자방이에요.

두 사람 모두 강성한 나라를 세우는 데 공헌한 인물인데, 서서가 지금 제갈공명을 그 두 사람에 비유하며 재능을 칭찬하고 있는 거예요. 속임수에 속아 조조 진영에 머물게 된 서서는 "훗날 자신과 공명을 비교하면 어떠하냐."는 조조의 질문에 이렇게 대답해요.

그는 경천위지(經天緯地)하는 재주가 있을 뿐만 아니라, 지리민정(地理民情)에 밝고, 육도삼략(六韜三略)에 도통합니다. 게다가 신산귀모(神算鬼謨)의 기재까지 있어 결코 얕볼 인물이 아닙니다. …… 저는 감히 그의 발밑에도 미치지 못합니다. 제가 반딧불이면 공명은 천하의 암흑을 밝히는 달과 같은 존재입니다.

앞의 말들을 꽤 어렵지요. 공명이 그만큼 뛰어나다는 말인데, 그의 능력을 알 수 있는 말 두 가지만 알아볼까요. 경천위지는 "온 천하를 짜임새 있게 잘 계획하여 다스린다."는 뜻이고, 신산귀모는 "신선이나 귀신과도 같은 능력을 지녔다."는 뜻이에요. 우리와 똑같은 사람인데, 신선이나 귀신 같은 능력을 지녔고, 그런 능력으로 온 천하를 짜임새 있게 다스린다고 하니 대단한 사람이라고밖에 볼 수 없겠죠.

천하를 세 개로 나눌 계획 세운 제갈공명

서서의 소개 때문이겠지만, 유비는 제갈공명을 만나기 전부터 흠모하게 돼요. 그래서 마음이 급해질 대로 급해진 유비는 두 번이나 제갈공명의 집을 찾아가지요. 하지만 모두 외출 중이라 만남은 이뤄지지 않았어요. 유비는 세 번째 방문을 앞두고 좋은 날을 잡고 무려 사흘이나 목욕재계(沐浴齋戒)까지 합니다. 겨울이 지나고 봄이 오는 동안 유비는 단 한 번도 제갈공명을 잊은 적이 없었으니, 그가 들인 정성이 대단해 보이지 않나요. 형이 이렇게까지 준비하는 걸 보고 그 참을성 많은 관우도 한마디 합니다.

형님께서 몸소 두 번이나 찾아간 것도 지나친 예를 표한 것인데, 세 번이나 찾아가는 것은 당치않은 일입니다. 공명이 형님을 피하는 것은 필시 허명(虛名)만 높고 자신이 없어서일 것입니다. 그런 사정도 모르고 또다시 찾아간다면 남들이 비웃습니다.

옆에 있던 다혈질의 장비는 "그까짓 촌놈이 무슨 대현이란 말이오."
라고 불퉁거리면서 사람을 보내라고 형을 억박지르기까지 합니다. 만약
그래도 오지 않는다면 "내가 가서 결박을 지어 끌고 오겠소."라며 길길
이 날뜁니다. 하지만 유비는 불만을 내뱉는 장비에게 호통을 칩니다.

장비는 무엇을 그리 잘 안다고 함부로 지껄이는가? 이번에는 운장
하고 둘이 갈 테니 장비는 따라오지 마라.

그러자 장비는 얼굴색을 바꿔 웃는 낯으로 이렇게 이야기해요. 조금
전 길길이 날뛰던 무서운 모습은 온데간데없고, 마치 개구쟁이 같은 웃
음을 내보이기까지 합니다.

두 분 형님이 가신다면 나도 응당 따라가야겠소.

단순하고 무식한 듯 보이지만, 앞서 이야기한 것처럼 사랑스러운 캐
릭터 아닌가요. 계절은 봄이 왔지만, 산에는 여전히 눈이 쌓여 있어 녹
록지 않은 길이었어요. 눈길을 헤치고 집에 찾아갔더니 해는 이미 중천
에 떠 있었죠. 하지만 공명은 해가 서서히 지고 있는데도 낮잠을 길게
자고 있었어요. 제갈공명의 살림을 도맡아 해 주는 소년이 제갈공명을

깨우려 하자 유비는 손사래를 치며 만류해요. 그러고는 방문 앞을 두 손 모으고 지키고 있습니다. 관우와 장비는 저만치 떨어져 있는데, 공명은 몇 시간이 되도록 일어나지 않네요. 화가 난 장비가 또다시 길길이 날뛰고, 관우는 그런 동생을 다독입니다.

한참 만에 시 한 수를 읊으면서 일어난 제갈공명은 황망히 유비 일행을 맞아들이고는, 그 유명한 천하삼분지계(天下三分之計)를 펼쳐 놓습니다. 새로운 세상을 열어가겠다는 포부만 있을 뿐, 실행 계획이라고는 아무것도 없었던 우물 안 개구리 유비는 이때 천지가 개벽하는 충격을 받아요. 이내 제갈공명에게 큰 뜻을 펼칠 수 있도록 세상에 나가 자신을 도와달라고 사정사정해요. 공명은 못 이기는 척 유비를 따라나서지요.

계산적인 제갈공명

제갈공명이 이때 세상으로 나온 것에 대해서는 나름 의견이 분분해요. 『삼국지』의 이야기 전개를 보면 유비의 정성에 감동한 제갈공명이 세상에 나온 것이 분명해요. 그런데 당시 정황을 살펴보면, 꼭 그런 것만은 아닐 수도 있어요. 『삼국지』에 대해 조금 아는 사람들은 이런 질문을 던집니다.

일단 제갈공명이 살던 곳이 왜 하필 유비의 작은 근거지인 신야 인근이었을까요? "와룡과 봉추 중 하나면 얻으면 천하를 통일할 수 있다."

는 말은 어디서부터 시작되었을까요? 당시 세력을 보면 조조가 가장 강성했고, 그다음이 강동의 손권이었는데, 천하를 통일할 재주를 가진 제갈공명은 왜 그들을 찾아가지 않았을까요?

이 모든 정황을 종합해 보면 제갈공명이 의도적으로 유비가 찾아오도록 만들지 않았을까 싶어요. 천하 통일을 이룰 수 있는 재주를 가진 사람이 여기 살고 있으니 와 봐라, 이런 식이죠. 공명이 조조나 손권을 찾아가지 않은 것은 분명한 이유가 있어요. 그들 주위에는 이미 유명한 모사들이 즐비했으니까요. 조조와 손권을 찾아가 봐야 말단부터 시작해야 하고, 자신의 재주를 펼칠 기회조차 없을지도 모르니까요.

반면 유비에게는 관우, 장비 같은 맹장들은 있었지만 전장에서 그들을 지휘할 머리, 즉 책사는 없었어요. 천하삼분지계 같은 큰 뜻을 보여주고, 실전에서 한두 번만 공을 세우면 단연 돋보이는 자리를 차지할 수 있었던 것이죠. 실제로 유비 진영에 가담한 공명은 엄청난 속도로 군대의 기강을 바로잡고 훈련도 체계적으로 진행합니다. 곧이어 크고 작은 전투에서 승전보를 울립니다.

공명이 온 후로 유비는 그를 극진히 대접해요. 형제의 의를 맺은 관우와 장비가 질투를 느낄 정도로요. 그때 조조군이 쳐들어오고, 유비는 관우와 장비에게 어떻게 막아야 하냐고 묻습니다. 그때 장비가 "물더러 막아 내라 하시구려."라고 응수합니다. 유비가 자신과 공명의 만남을 물 만난 고기, 즉 수어지교(水魚之交)라고 표현했기 때문이죠. 그런데 그 물, 즉 공명이 엄정한 명령을 내리고는 조조군의 맹장 하후돈이 이

끄는 조조군 10만 명을 단숨에 제압해요.

공명의 예측대로 조조군이 나오고, 작전대로 공격하자 조조군은 맥을 못 춥니다. 승전해 돌아오는 관우와 장비는 공명을 보고 말에서 뛰어내려 마땅한 예의를 표해요. 형제의 의리로 뭉친 일종의 의협집단이었던 유비 일행이 하나의 시스템을 갖추기 시작한 첫 행보예요. '삼국지'라는 제목답게, 천하를 세 나라로 나누고 다시 통일을 갈망하는 거대한 이야기는 유비의 '삼고초려'에서 시작합니다.

삼국정립의 시작, 적벽대전

『삼국지』의 두 번째 분수령은 적벽대전이에요. 적벽대전은『삼국지』에
서 가장 중요한 전쟁입니다. 중국과 홍콩의 유명한 배우들이 출연해
2009년 두 편의 영화로 만들어질 정도로, 적벽대전은『삼국지』에서 중
요한 위치에 놓여 있어요. 그 중요한 위치란 훗날 '촉'이라고 불리는 나
라의 기틀을 마련할 수 있는 근거지를 마련하는 것이지요. 제갈공명을
만나 천하삼분지계를 듣고, 이제는 그것을 실행하기 위한 첫걸음을 시
작한 셈이에요.

적벽대전의 폭풍 전야

사실 삼고초려와 적벽대전은 시간상으로는 크게 차이가 나지는 않아요. 신야에서 새로운 집단으로 거듭나고 있던 유비 진영은, 큰 울타리가 되어 준 형주의 주인 유표의 죽음과 조조의 형주 정벌로 또 정처 없는 피난길에 오릅니다. 이때 신야의 백성들 중 많은 사람들이 유비를 따라나서요. 그 수가 무려 10만 명이 넘었다고 해요.

백성들 중 많은 사람들이 적에 짓밟히고 강에 빠져 죽는 것을 보면서 유비는 괴로워해요. 뒤에서 소개하겠지만, 장비가 장판교를 지킨 일과 조자룡이 유비의 아들 아두를 안고 적진을 누빈 일들이 모두 이때 벌어진 사건입니다. 천신만고 끝에 강릉에 도착한 유비 진영의 앞날은 어떻게 될까요?

그즈음 강동 지역, 즉 장강(長江) 이남 지역은 손권이 다스리고 있었어요. 손권은 아버지 손견과 형 손책에 이어 강동 지역을 다스리게 된 인물입니다. 아버지는 "강동의 호랑이"로 불릴 정도로 무예가 뛰어나고 다혈질인 사람이었어요. 그래서인지 일찍 세상을 떠나고 아들 손책이 뒤를 잇죠. 손책은 어린 나이였지만 아버지의 뒤를 이어 강동을 평정하고 오나라의 기틀을 잡았어요. 사람들은 그를 옛날 한나라를 세운 유방과 중국 천하를 다퉜던 초나라의 항우와 견줄 만하다고 여겨 "소패왕(小霸王)"이라고 부르기도 했어요.

하지만 손책은 스물다섯, 젊은 나이에 자객들의 칼에 맞고 치료 중에 세상을 떠나요. 후계자는 동생인 손권이었어요. 손책은 동생에게 다음

적벽대전의 현장으로 알려진 츠비시 양쯔강가에 있는 절벽

과 같은 말을 남기고 강동을 맡기지요.

군사를 일으켜 건곤일척의 대사를 경륜하는 데는 네가 나만 못하
다. 그러나 어진 일을 해서 나라를 잘 보존하는 점에 있어서는 내
가 감히 너를 따르지 못하리라. 그러니 너는 부디 돌아가신 부친이
창업하시던 때의 간난을 항상 생각하여 스스로 도모하는 바가 있
게 하라!

이 말은 마친 손책은 눈을 감아요. 영웅의 장엄한 죽음 앞에 모든 사람이 슬픔에 잠겼습니다. 아버지와 형이 모두 당대의 영웅이었던 손권 앞에 큰 위기가 닥칩니다. 조조의 엄청난 대군이 침공해 온 것이죠. 신료들은 둘로 나뉘어 한쪽은 화친을, 다른 쪽은 전쟁을 주장해요.

손권의 수하들이 옥신각신하고 있을 때, 의외의 인물 한 명이 등장해요. 바로 제갈공명이에요. 당시 공명은 유비의 대리인으로 강동에 머물면서 손권이 조조와 대적해 싸워야 한다고 주장합니다. 이렇게 많은 물자와 훌륭한 장수들이 있으면서 뭐가 무섭냐며 강동의 손권과 신하들을 약간 조롱하기도 하죠. 자존심이 상할 대로 상한 손권은 조조와의 전쟁을 선언해요. 화친을 입에 담는 사람은 칼로 베어 버리겠다는 말도 남겨요.

이때 손권의 최고 책사이자 장수로는 주유라는 사람이었어요. 주유는 전쟁을 선언했지만 여전히 불안한 손권을 다독이며 전쟁을 진두지휘해요. 주유는 제갈공명 못지않게 지혜가 뛰어나고 담력을 소지한 사람으로, 총명한 공명을 못마땅하게 여겼어요. 그래서 전쟁이 시작되는 순간부터 공명을 죽이기 위해 골몰합니다. 사실 이런 이유도 있었어요. 유비와 손권이 연합해서 조조의 남하를 저지한다는 목적도 있었지만, 유비의 군사는 아주 소수였고, 전쟁의 핵심 역할은 강동의 병사들이 감당해야 했기 때문이죠.

제갈공명의 데뷔전, 적벽대전

『삼국지』의 주인공이 누구인지는 적벽대전에서도 여실히 드러납니다. 사실상 적벽대전의 주인공은 제갈공명이지만, 그가 유비를 섬긴다는 점에서 적벽대전은 유비를 위한 전쟁과 다름없습니다. 그럼 지금부터 공명이 어떤 활약을 펼치는지 알아볼까요?

먼저 화살 사건이 있어요. 주유는 공명을 옭아맬 방법을 연구하다가 화살 10만 개를 열흘 안에 만들어 달라고 요청해요. 전쟁이 시작되면 화살이 가장 중요한 무기이기 때문이죠. 그런데 공명은 사흘 안에 만들어 주겠노라고 약속해요. 10만 개의 화살을 만들려면 열흘도 힘들 텐데, 사흘이라뇨. 그러자 주유가 공명에게 군령장(軍令狀)을 요구해요. 약속을 못 지키면 군령으로 처벌하겠다는 것이죠. 순순히 응한 공명은 자신의 막사로 돌아와, 이틀 동안 아무런 일도 하지 않고 있습니다. 그러더니 사흘째 되는 날, 자신을 잘 도와주는 노숙이라는 사람에게서 허수아비를 잔뜩 실은 배를 빌리고, 그 배 위에 휘장을 치고 장강으로 나갑니다.

안개가 짙게 내려앉아 한 치 앞도 분간하기 어려운 날이었어요. 꽹과리와 북을 울리며 조조 진영으로 나아가니, 앞을 분간할 수 없었던 조조 진영에서는 적이 침공해 오는 줄 알고 무작정 화살을 날릴 수밖에 없었어요. 안개가 서서히 걷히고 공명은 조조에게 화살을 선물해 주어 고맙다는 인사를 날리고 유유히 돌아옵니다. 주유는 공명이 자신보다 월등히 뛰어난 인물임을 다시 한 번 깨닫지만, 그래서 더더욱 죽이려고 해요.

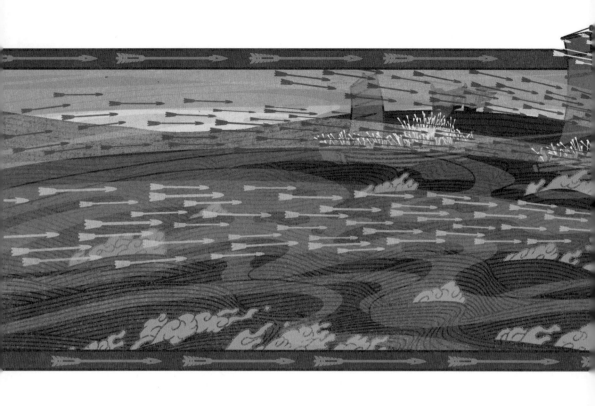

두 번째 사건은 앞에서도 언급한 동남풍입니다. 한겨울에 남쪽으로 원정을 온 조조군은 추위도 추위지만 배에 익숙하지 않아 대부분의 병사들이 뱃멀미를 하고 있었어요. 그때 천하의 명사 중 하나인 방통이 나타나 조조에게 배를 쇠사슬로 엮고 그 위를 지나다닐 수 있도록 넓은 나무를 대면 뱃멀미가 사라질 거라고 조언합니다. 눈치채셨죠. 이것 역시 공명과 주유의 머리에서 나온 계획이었죠. 방통, 어디서 들어 본 이름이죠? 맞아요. 와룡과 봉추 중 하나만 얻으면 천하를 통일할 수 있다

고 한 봉추가 바로 방통이에요.

이제 바람만 불어 주면 손권군은 화공으로 조조군을 일거에 날릴 수 있는 상황이에요. 모든 배가 엮여 있으니 화공 한 번이면 모두 불태울 수 있기 때문이죠. 하지만 야속하게도 한겨울 바람은 북서풍이었어요. 바람이 조조의 등 뒤에서 강동의 손권 군사들을 향해 불었기 때문에 화공을 잘못 사용하면 역으로 당할 수밖에 없는 상황이었어요.

이때 나선 인물이 또 제갈공명이에요. 그는 주유에게 자신이 며칠 동안 제단을 쌓고 기도하면 동남풍이 불어올 거라고 당당하게 말해요. 주유는 반신반의했지만 별다른 방도가 없으니 공명을 믿어 볼 수밖에요. 마침내 약속한 날, 바람의 방향이 동남풍으로 바뀌었고 강동의 군사들은 날랜 배를 타고 조조 진영의 배에 불화살을 날려요. 거의 모든 배가 불탔고, 조조는 처참한 패배 끝에 후퇴합니다. 앞서 이야기한 것처럼 동남풍은 제갈공명이 지리와 지형, 기후 변화를 관찰한 결과이지만 소설『삼국지』에서는 그가 날씨마저 바꿀 수 있는 신비한 인물로 그려 냅

니다. 그래야 이야기가 재미있기 때문이죠.

적벽대전은 유비와 손권 연합군의 승리로 끝나고, 주유는 공명을 죽이지 못한 분을 못 이기고 젊은 나이에 세상을 떠납니다. 그가 죽기 전에 이런 말을 했다고 해요.

아아, 하늘도 무심하도다. 하늘이여, 이미 주유를 내셨으면 그만이지 제갈량은 왜 또 내셨나이까?

적벽대전이 『삼국지』의 중요한 분수령이 된 것은 앞서 이야기한 것처럼, 이 전쟁으로 삼국(三國)이 정립(鼎立)된다는 사실입니다. 천하를 두고 다툼을 벌이는 『삼국지』의 진짜 이야기가 시작된 것이죠.

유비의 죽음과 공명의 출사표

영웅의 죽음, 새로운 시작

『삼국지』의 세 번째 분수령은 유비의 죽음입니다. 아니 주인공 유비가 죽는데 그 다음 이야기가 무슨 의미가 있냐고요? 하지만 그렇지 않아요. 유비의 죽음 이후에 사실상 위·촉·오 삼국이 천하 통일을 위한 더 치열한 전쟁에 돌입하기 때문이죠.

적벽대전 이후 형주, 익주, 한중 등을 차례로 손에 넣은 유비는 촉나라의 왕이 되었다가 공명 등 대신들의 간청을 받아들여 마지못해 황제에 오릅니다. 이미 위나라와 오나라의 군주도 황제 자리에 오른 상태였어요. 조조는 위왕에는 올랐지만 황제를 칭하지는 않았어요. 그의 아들 조비가 황제에 올라 자신의 아버지를 무황제라고 칭했죠. 강동의 손권도 오나라의 왕, 이후 황제가 되면서 하늘 아래 세 황제가 있는 꼴이 되

백제성 성문 유비는 이릉대전에서 오나라에 패한 뒤 백제성으로 피신했고, 이 성에서 눈을 감았다.

었어요. 진정한 삼국의 쟁탈은 이렇게 시작된 것이죠.

하지만 유비는 천하 통일의 꿈을 이루지 못하고 백제성에서 눈을 감아요. 오나라에 관우를 먼저 잃고, 복수하기 위해 나서는 길에 장비는 부하들에게 칼에 찔려 비명횡사합니다. 두 동생이 결국 오나라 때문에 죽은 거라 생각한 유비는 동생들의 복수를 위한 전쟁에 나서게 됩니다. 초반에는 승기를 잡았지만, 한 번의 실수로 대패하고, 전쟁을 만류했던 제갈공명 등 대신들의 얼굴을 보기가 민망했던 유비는 작은 백제성으로 들어가, 그곳에서 생을 마감했던 것입니다.

유비의 뒤를 이은 것은 조자룡이 장판파에서 갑옷에 넣어 구한 아두, 즉 유선이었어요. 유선이 황제로 등극한 후 유비는 '선주(先主)'라고 부르고, 유선을 보통 '후주(後主) 유선'이라고 불러요. 유선은 아버지 유비처럼 웅대한 꿈을 가진 사람이 아니었어요. 『삼국지』에 따라서는 지극히 평범한 사람, 혹은 좀 아둔한 인물로 그려지기도 해요.

그런 유선을 섬기면서 국정을 총괄하게 된 제갈공명은 선제가 남긴 사명, 즉 천하 통일의 염원을 끝내 포기하지 않습니다. 공명은 후주 유선의 허락을 받아 여러 차례 북벌(北伐)을 시도해요. 이때 공명이 후주에게 올린 글이 그 유명한 출사표(出師表)예요. 본래 뜻은 "군대를 일으키며 임금에게 올리는 글"인데, 요즘은 어떤 중요한 일에 뛰어들 때 결심을 표하는 말로 자주 사용해요. 선거철마다 정치인들의 출마 의사를 밝히면서 '출사표를 던졌다.'라고 하는 말을 많이 들어 보셨을 거예요.

『삼국지』의 백미 중 하나 출사표

위나라를 치기 위한 첫 번째 북벌은 서기 228년 봄에 시작되었는데, 본진은 공명이 지휘하고, 선봉장은 조자룡이 맡았어요. 유비·관우·장비가 모두 세상을 떠난 뒤에도 조자룡은 촉나라의 든든한 기둥 역할을 감당하고 있었어요. 제갈공명은 물론 후주 유선도 선주 유비가 사랑한 조자룡을 무척이나 아끼고 의지했다고 해요.

하지만 첫 번째 북벌은 믿었던 마속이 요충지를 다툰 전투에서 어이없게 패배하면서 실패해요. 공명은 재주가 많은 마속을 자신의 친아들처럼 사랑했지만, 군령의 지엄함을 보이기 위해 목을 벱니다. 여기서 나온 고사가 바로 읍참마속(泣斬馬謖)이에요. "울면서 마속을 베다."라는 뜻인데, 공정한 법 집행을 위해, 또는 대의를 위해 사사로운 정을 버리는 것을 비유하는 말이죠.

공명은 1차 북벌에 실패하고 돌아와 자신의 관직을 우장군으로 낮추어요. 다만 재상의 권한만은 그대로 유지하며 정사를 돌봅니다. 1차 북벌의 유일한 수확은 자신의 뒤를 이을 만한 인재인 강유를 얻은 거예요.

228년 가을 2차, 229년 3차 북벌을 단행하지만 별 소득 없이 끝이 나요. 주목할 만한 북벌은 231년 벌어진 4차 북벌입니다. 이때 공명의 평생 맞수인 위나라의 사마의가 다시 복직해 전쟁을 지휘했기 때문이에요. 공명은 이 전쟁에서 새로운 무기인 목우유마(木牛流馬)를 사용해 군량을 효율적으로 수행하는 등 승리할 수 있는 확률이 높았어요. 모든

전쟁은 칼과 활로 싸우는 것이지만, 그보다 더 중요한 일은 전쟁을 직접 치러야 하는 병사들을 먹고 입히는 일, 그들이 사용할 무기를 제때 공급하는 일이었기 때문이에요. 하지만 새로운 수송 수단이 생겼음에도 물자를 담당한 이엄이라는 사람이 일을 소홀히 하는 통에 군량이 부족했고, 다시 퇴각할 수밖에 없었어요.

공명의 북벌 의지는 시간이 갈수록 더 커져만 갔어요. 자신을 세상으로 불러낸 선주 유비에게 은혜를 갚고자 하는 마음도 있었고, 망해 버린 한나라를 다시 일으키고 싶은 바람이 굴뚝같았기 때문이죠. 마침내 234년 다섯 번째 북벌을 단행합니다. 10만 병력이 오장원에 결집하고 위나라와 일전을 겨룰 준비를 합니다.

하지만 위군 대장 사마의는 공명의 선제공격에 반응하지 않고 수비로 일관하며 전쟁을 장기전으로 몰고 가죠. 무려 4개월을 대치하는 와중에 공명은 오장원에서 세상을 떠납니다. 쉰넷의 젊은 나이에 공명이 세상을 떠난 순간 북벌의 꿈도, 천하 통일의 웅비도 사라지게 됩니다. 이때 놀라운 일이 하나 일어나요. 공명이 죽은 것을 확신한 사마의는 총공격을 명하지만, 공명은 죽기 전에 촉군의 퇴각 방법을 여러 장수에게 일러두지요. 너무나도 완벽한 작전에 놀란 사마의는 군사를 퇴각시키는데, 이때 "죽은 공명이 산 중달을 쫓는다.(死孔明走生仲達, 사공명주생중달)"는 말이 생겨났어요. 중달은 사마의를 달리 부르는 이름, 즉 '자'예요.

이후부터는 『삼국지』는 급격하게 세월을 건너뛰며 한때 삼국 중 최강의 나라였지만 급격하게 기울어 간 위나라, 그리고 위나라를 전복하고 새롭게 왕조를 세운 진나라 이야기로 이어집니다.

무후사 유비와 제갈공명을 기리는 사당이다. 유비전, 유비의 황금상뿐 아니라 제갈공명, 관우, 장비 등 문관과 무관의 상을 볼 수 있다.

제갈공명의 북벌, 위나라의 재편

위나라 말기 정권을 손아귀에 넣은 사마의의 두 아들 사마사와 사마소는 국정을 자신들의 마음대로 휘둘러요. 결국 사마소의 아들 사마염은 위나라를 멸하고 진나라를 세우기에 이릅니다. 조조가 한나라의 충신을 자처하며 국정을 농단한 것처럼, 마침내 그의 아들이 황위를 찬탈한 것과 똑같은 일을 불과 100년도 지나지도 않아서 당하게 된 것이죠.

『삼국지』는 이 이야기까지 읽어야 끝이 나요. 보통의 독자들은 1차로 주인공 삼 형제 유비·관우·장비가 죽으면 책을 덮곤 해요. 2차는 제갈공명의 죽음이에요. 오장원의 별이 된 제갈공명, 그야말로 『삼국지』를 나누는 거대한 분수령이기 때문에 독자들이 그런 선택을 하는 것이 이해는 됩니다.

하지만 이 책을 읽은 독자라면 위·촉·오 삼국이 어떻게 흥망성쇠를 거듭하는지, 그 이후의 일에도 관심을 갖고, 천천히 끝까지 『삼국지』를 읽어 주리라 믿어요. 『삼국지』의 수많은 일을 읽다 보면 우리가 알지 못했던 역사가 여러 곳에 숨어 있고, 역사는 돌고 돈다는 말을 실감할 수 있을 거예요.

4장

사람의 마음은
시시때때로 변하지 않나요?

—

신이 된 관우

이 말은 하루에 능히 천 리를 간다고 들었습니다.
이제 승상께서 이 말을 저에게 내려 주셨으니
형님이 계신 곳을 알기만 하면 그날로
달려갈 수 있지 않겠습니까.
그 어찌 기쁜 일이 아니겠나이까?

의리하면 관우!

지금까지『삼국지』를 이해하는 몇 가지 방법에 대해 알아봤어요. 지금부터는 등장인물 중 빛나는 사람들을 살펴보려고 해요. 『삼국지』에는 무려 1,200여 명의 사람이 등장하고, 그중 애착이 가는 사람도 여럿이지만 개인적으로는 평생 형제의 의(義)와 신하의 충(忠)을 저버리지 않은 관우를 사랑해요. 적토마를 타고 달리며 청룡언월도를 번개처럼 휘둘렀던 관우는 『삼국지』의 최고 무장이라 할 수 있어요. 수염이 무릎에 닿을 정도로 길고 아름답다고 해서 미염공(美髥公)이라 불리기도 했던 관우는 충직한 성품과 절의로 평생을 살았어요. 삶을 마칠 때도 깨끗한 죽음을 선택했기 때문에 중국 전역에서 지금도 신으로 추앙받고 있어요.

중국은 물론 동아시아 일대에 관우를 모시는 사당이 제법 여러 곳에 있어요. 『삼국지』인물을 평한 어떤 작가는 관우야말로『삼국지』의 "숨은 주인공, 아니 참된 주인공이라고 해도 좋다고 생각한다."라고 말하기도 했어요. 실제로 관우는『삼국지』에서 거의 유일하게 자기의 뜻을 펴고 그것을 실현하는 데 단 한 번도 주저하지 않은 사람이에요.

사리에 밝은 관우

관우는 유비와 장비를 만난 이래 단 한 번도 형제의 의를 저버린 적이 없어요. 평생 여러 유혹이 있었지만 관우의 선택은 한결같이 유비였습니다. 제가 관우를 눈여겨본 첫 대목은 도원결의 당시입니다. 의형제를 맺더라도 보통 나이를 따지는 게 기본입니다. 서양과 달리 동양은 한 살이라도 많으면 형 대접을 받아야 하니까요.

그런데 관우는 비록 자신이 유비보다 나이는 많지만, 유비가 한나라 황제의 후손이기 때문에 한나라를 다시 일으켜 세운다는 대의명분을 앞세워 그를 큰형님으로 받듭니다. 형제의 순서를 정함에 있어 올바른 원칙, 그러니까 사적인 감정은 배제하고 오로지 대의와 명분에 따라 순서를 정한 것이죠. 이는 황실의 일원인 유비가 한나라를 중흥시켜야만 하는 촉한정통론에도 일조하는 선택이에요.

도원결의 후 관우는 죽을 때까지 형 유비에게 불손한 태도를 보인 적이 단 한 번도 없어요. 괄괄한 성격의 장비는 마음대로 이야기하며 형

관우도 용맹하고 의리 있는 장수 관우는 고향 상인들에 의해 재물신으로 모셔졌다. 관우에 대한 신앙이 깊어져 전쟁의 신이자 상인들의 재물신으로 각 지역에서 숭배되었다. 우리나라에서도 임진왜란 이후 관우 신앙이 널리 퍼졌다.

유비에게 대드는 모습을 간혹 보이는데, 관우만큼은 한 번도 그러지 않았어요. 뿐만 아니라 잠시라도 떨어져 있으면 형 유비와 동생 장비를 그리워했어요.

대표적인 사례가 오관참육장(五关斩六将)입니다. 어려운 말이죠. 다섯 개의 관문을 지나면서 여섯 명의 장수의 목을 베었다는 말이에요. 조조가 서주를 공격하자 힘이 달린 유비는 당시 군웅 중 하나인 원소에게 의지해요. 이때 관우는 혼자서 하비성을 지키고 있었는데, 대군의 공격을 받고 조조의 부하 장수인 장요에게 항복을 권유받아요. 혼자라면 힘이 닿는 데까지 싸웠겠지만, 당시 관우는 형수님, 즉 유비의 두 부인인 감부인과 미부인을 모시고 있었습니다.

유비를 향한 관우의 일편단심

이때 관우는 사리를 밝혀 세 가지 항복 조건을 제시해요. 첫째 조건은 조조가 아닌 한나라 황제에게 항복하는 것입니다. 두 번째 조건은 당연히 자신이 모시고 있는 유비의 두 부인에 대한 안전을 보장하는 것이죠. 세 번째 조건이 중요해요. 지금은 행방을 알 수 없지만, 유비 형님이 있는 곳을 알게 되면 언제든지 떠나겠다는 것이 세 번째 조건이었어요.

조조로서는 첫째, 둘째 조건은 걸릴 것이 없었습니다. 당시 한나라는 승상인 자신의 손아귀에 있었기 때문에 누구에게 항복하든 조조로서는 상관이 없었던 거죠. 두 번째 조건도 마찬가지예요. 당시가 전란 중이라고는 하지만 상대편 장수의 가족을 해치는 것은 도리에 어긋나는 일이었기 때문이죠.

조조는 유비가 살아 있으면 언제든 떠나겠다는 세 번째 조건이 마음에 걸렸어요. 하지만 마음을 고쳐먹죠. 당시는 전쟁이 그치지 않는 난세였고, 누가 언제 죽어도 이상하지 않은 때였습니다. 유비나 난리통에 죽었다면 일은 생각 외로 쉽게 풀릴 수 있었어요. 그럼 관우 같은 천하 맹장을 수하에 둘 수 있다고 생각했어요. 생각이 여기에 미치자 조조는 관우의 항복 조건을 흔쾌하게 수용해요.

관우가 휘하에 들어오자 조조는 선물 공세에 나서요. 금은보화와 비단을 시도 때도 없이 보냈고, 하루가 멀다 하고 잔치를 열어 관우의 환심을 사려고 하죠. 하지만 관우는 금은보화와 비단을 받은 그대로 한곳에 쌓아 둡니다. 잔치에 가서도 과하게 술을 마시거나 긴장을 풀지 않습니다. 유비가 있는 곳을 알면 언제든 떠나기 위해 관우는 늘 깨어 있던 거죠.

그래도 조조는 끊임없이 관우의 마음을 사려고 노력해요. 심지어 여포가 타던 당대 최고의 말 적토마를 관우에게 선물로 줘요. 이때 관우의 반응이 이제까지와는 다릅니다. 금은보화와 비단, 하루가 멀다 하고 열린 잔치에는 눈 하나 깜짝하지 않던 관우가 하루에 천 리를 달린다는 말 적토마를 보고 크게 기뻐한 것이죠.

조조가 이유를 묻자 관우는 이렇게 대답해요.

이 말은 하루에 능히 천 리를 간다고 들었습니다. 이제 승상께서
이 말을 저에게 내려 주셨으니 형님이 계신 곳을 알기만 하면 그날
로 달려갈 수 있지 않겠습니까. 그 어찌 기쁜 일이 아니겠나이까?

남원 관왕묘 적토마도 전라북도 유형문화재 제22호 남원 관왕묘
안에 걸려 있는 탱화로, 『삼국지』에 등장하는 관우가 탔다고 하는
적토마와 마부가 그려져 있다. 탱화의 수법이 정교하고 섬세하며,
말과 인물의 모습을 생동감 있게 표현하고 있다.

여섯 장수의 목을 베다

이 말을 들은 조조의 얼굴이 어떻게 변했을지 상상해 보는 것도 재미있겠네요. 이때 관우는 황제인 헌제를 만나 한수정후(漢壽亭侯)라는 봉작도 받고 편장군(偏將軍)이라는 벼슬도 받아요. 앞서 말한 미염공이라는 칭송도 이때 헌제로부터 듣게 됩니다.

하지만 관우는 조조 휘하에 오래 머물지 않았어요. 유비가 원소 진영에 있다는 사실을 알고는 곧바로 조조 진영을 떠납니다. 바로 이때, 통행증을 받지 못한 탓에 관문의 장수들이 모두 관우를 막아섭니다. 하지만 무공으로 어떻게 관우를 대적할 수 있을까요. 다섯 개의 관문에서 여섯 장수가 관우에게 목숨을 잃습니다.

유비에 대한 절대적 신의가 빛나는 대목이 아닐 수 없죠. 하지만 이런 생각도 해 볼 수 있지 않을까요. 다섯 관문을 지키던 장수들은 자기 역할에 충실했을 뿐인데, 어이없게도 목숨을 잃었어요. 자신의 역할에 충실한 사람들이었건만, 한나라 중흥이라는 대의명분에 그들은 어이없게도 목숨을 잃은 것은 아닐까요. 세상 모든 일은 이처럼 양면성이 존재한다는 사실도 기억해 둘 필요가 있어요.

관우, 조선을 지키다

『삼국지』가 이야기 자체로 조선 시대 영향을 준 것은 앞서 이야기했지요? 그런데 살아서 영웅이었고 죽어서는 신이 된 관우가 조선의 실제 역사에 적잖은 영향을 주었다면 믿으시겠어요? 3세기 인물 관우가 16세기와 19세기 조선 역사에 영향을 주었다면 무슨 말인가 싶겠지만, 사실이에요. 관우는 조선 역사의 분수령이 되었던 두 개의 사건에 이름을 올렸어요. 먼저 『조선왕조실록』 중 선조 31년 4월 25일 기록을 살펴볼까요.

대체로 유격이 사당을 건립 하는 일에 매우 열성이고 감독도 친히
하면서 관왕(關王)의 영검에 대한 말을 많이 하였는데…….

임진왜란을 승리로 이끈 관우?

'유격'은 임진왜란 당시 조선에 파견된 명나라 수군의 수장 진린을 이르는 말이에요. 진린은 일본군과의 전투 당시 관왕, 즉 관우의 영혼이 나타나 명나라 군사를 도왔다며 관왕묘를 건립할 것을 조선 조정에 건의했어요. 1,000년도 더 전에 죽은 관우가 전쟁을 도왔을 리 만무한데, 결국 명나라 군사들의 사기 진작을 위해 중국 내에 고루 퍼진 민간신앙의 대상인 관우의 사당을 짓고자 했던 것이죠.

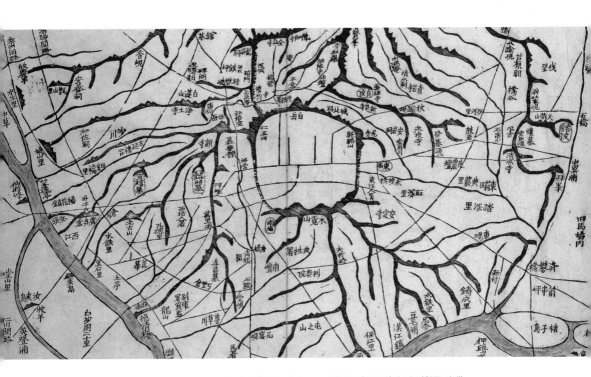

대동여지도 제1첩 8면 왕릉과 함께 붉은 동그라미로 표시된 동묘(오른쪽)와 남묘(왼쪽 아래)

1598년 건립된 남관왕묘(남묘)는 한국전쟁 당시 모두 불탔다가 1957년 재건했지만, 서울역 재개발로 1979년 국립 현충원 인근으로 옮겨졌다고 해요. 반면 1602년 건립된 동관왕묘는 건립 당시 모습을 그대로 유지하고 있어요. 서울 지하철 1호선과 6호선이 만나는 동묘앞역 인근에 있는 바로 그 동묘예요.

동관왕묘 관우에게 제사를 지내는 묘이다. 임진왜란 때 조선과 명나라가 왜군을 물리친 것이 성스러운 관우 장군께 덕을 입었기 때문이라고 여겨서 짓게 되었다.

임진왜란 당시 관왕묘가 건립된 것은 조선 역사에 긍정적으로 작용한 측면이 있어요. 일부이긴 하지만 어쨌든 명나라의 도움을 받았고, 군사들의 사기에 관우가 일정 부분 심적인 위안을 주었다고 볼 수 있기 때문이죠.

무당의 아버지, 관우

관우는 16세기 말 조선을 임진왜란의 위험에서 구했지만, 300년대도 못 되어 조선 역사에 커다란 아픔 하나를 안겨 주기도 했어요. 무능한 임금 고종이 다스리던 시절이었어요. 민씨 일가를 조정으로 불러들여 국정을 농단했던 왕후 민씨는 1882년 임오군란이 일어나자 충청북도 충주로 줄행랑을 쳤어요. 사지를 벗어났다고는 하지만 안심할 수 없었던 민씨는 용하다는 무당을 불러들여 이것저것 물어보며 마음의 안정을 찾고자 했어요.

우연인지 무당은 왕후 민씨의 환궁 날짜를 맞추었고, 자연스레 무당도 함께 궁으로 들어갔어요. 채 1년이 못 되어 무당은 실권을 장악했어요. 민씨의 신임에 무능하고 사람 볼 줄 모르는 고종의 신뢰까지 더해졌기 때문이죠. 얼마나 심하게 국정을 농단했는지, 매천 황현의 『오하기문』 중 한 대목을 볼까요?

지난 임오년 변란 당시 왕비는 충주에 머물면서 요사스러운 한 무당과 자주 왕래했다. 그 무당은 길흉화복을 기막히게 알아맞혔다. 왕비가 몇 월 며칠날 복위할 것이라고 예언했는데, 그대로 들어맞았다. 왕비는 그 무당에게 홀딱 반해, 마침내 서울로 불러들여 북묘에 살면서 기도를 주관하게 했다. 무당은 왕비가 머리가 아프다고 하면 머리를 쓰다듬고 배가 아프다고 하면 배를 쓰다듬었는데, 그 손길을 따라 통증이 가라앉았기 때문에 잠시도 떨어져 있지 않았다. 왕비는 그 무당을 '언니'라고 불렀으며, 때에 따라서는 '진령군'(眞靈君) 또는 '북관부인'(北關夫人)으로 부르기도 했다. 무당은 궁중을 출입한 지 겨우 1년밖에 안 되었지만 날이 갈수록 더욱 막강한 영향력을 행사했다. 윤영신 조병식 이용직 등이 그 무당과 의형제를 맺고 누이라고 불렀다. 이들은 모두 그녀의 도움으로 관찰사 자리를 꿰찼다.

　　　　— 황현, 『오동나무 아래에서 역사를 기록하다』(김종익 옮김, 역사비평사)

　　무당이 진령군이라고 불렸어요. 조선에서 가장 미천한 신분인 팔천(八賤) 중 하나였던 무당이, 남성들만 득세하던 조선에서 당당히 '군'(君)의 칭호를 받은 것은 전례 없던 일이죠. 군은 종친이나 외척, 공신에게만 주던 작호였거든요. 진령군은 훗날 순종이 되는 병약한 세자를 위해 "금강산 일만이천 봉우리마다 쌀 한 섬과 비단 한 필, 돈 천 냥을 드리

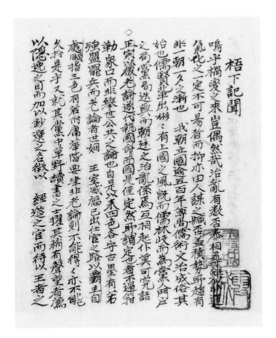

황현의 『오하기문』 원문

고 치성을 올려야 한다."고 주장했어요. 모르긴 해도 쌀과 비단, 돈은 모두 진령군 수중에 들어갔겠죠?

황제가 된 관우

그런 진령군이 관우와 무슨 상관이냐고요? 황현의 기록을 주의해서 살펴보면 답이 나와요. 진령군은 "북묘에 살면서" 궁을 마음껏 출입했는데, 사람들은 진령군 혹은 "북관부인"으로 불렀어요. 진령군은 사람들에게 영험하다는 인상을 심어주기 위해 스스로 관우의 딸, 즉 북관부인을 자처했던 것이죠. 그래서 자신의 거처를 북묘, 즉 북쪽에 있는 관우의 사당이라고 명명했던 것이고요.

진령군의 권세는 10년 가까이 지속되었다고 해요. 공자님과 맹자님의 학문을 숭상한 나라인 조선의 궁궐에서 굿을 벌였고, 북묘에 들어앉아 매관매직을 일삼았어요. 아들은 관복을 입고 궁궐을 자기 집처럼 드나들었어요. 진실을 고하는 사람은 먼 곳으로 유배를 보냈어요. 나는 새도 떨어뜨릴 것 같던 진령군의 세도는 1894년 청일전쟁 후 친일내각이 들어서고서야 끝이 납니다.

관우가 조선과 인연이 많은 이유는 결국 중국에서 신으로까지 추앙받기 때문이에요. 일개 무장에서 사후에 공(公), 왕(王), 대제(大帝), 즉 황제로까지 불리게 되거든요. 송나라 초반인 1102년에는 충혜공(忠惠公)으로, 이어 1108년에는 무안왕(武安王)으로 지위가 높아졌어요. 명나라 때는 전국에 관우 사당이 생겼고, 급기야 청나라 세조는 1644년 관우를 충의신무관성대제(忠義神武關聖大帝)에 봉합니다. 이는 모두 관우가 살아생전 보여 준 순수한 형제애와 충성심, 그리고 뛰어난 무예와 용맹 때문입니다.

살아서는 용맹한 장군,
죽어서는 신이 된 남자

지금까지 관우의 충직한 성품과 다소 관계가 없어 보이는, 조선에 영향을 준 이야기까지 살펴봤는데요. 둘 사이에 상관관계가 없어 보이지만, 나름의 이유가 있습니다. 조선에 두 번이나 큰 영향을 준 것만 봐도 관우가 중국은 물론 조선에 얼마나 큰 영향력이 있는 인물인지 알 수 있기 때문입니다.

관우의 끝없는 영향력

그 영향력이라는 것이 실로 어마어마해요. 관우는 살아서는 용맹한 장

군이었고, 죽어서는 '신'이 된 인물이었어요. 관우는 요충지인 형주를 지키고 있었는데, 오나라 장수 여몽의 계략에 빠져 전쟁에서 패하고 장렬한 최후를 맞아요. 중요한 것은 그다음 이야기인데요. 형주를 탈환한 오나라의 손권이 축하잔치를 여는데, 그 자리에서 여몽은 관우의 영혼을 보고 놀라 피를 토하고 죽어요.

사람들은 이런 관우를 관공(關公)이라고 높여 부르기 시작했고, 차차 관왕(關王), 관제(關帝羽)에 이어 관성제군(關聖帝君)이라고까지 부르게 되었어요. 중국 민간신앙에서는 관우가 무술의 신(武神)과 재물의 신(財神)으로 추앙받고 있다고 해요. 아예 종교로 믿는 사람들도 있다고 하는데, 그 종교가 바로 관성교(關聖敎)에요. 민간에서만 그렇게 부른 것이 아니에요. 관우가 죽고 약 1,000년이 지난 시점인 송나라 때는 '무안왕(武安王)'이라는 공식 칭호를, 다시 명나라 때는 '충의대제(忠義大帝)'라는 칭호를 받게 됩니다. 중국의 천자, 즉 황제와 동급이 된 것이죠.

중국 역사상 인간이 신의 반열에 오른 것은 그 유명한 공자(孔子) 외에는 관우가 유일해요. 관우가 유학의 창시자인 공자와 동급이다? 놀랍지 않나요. 그러니 조선 역사에도 이처럼 큰 영향을 준 것이겠죠.

불의를 미워한 대장부 관우

생각해 보면 한 사람의 생애가 어떻게 오로지 긍정적인 측면만 있을 수 있을까요? 때로는 나쁜 일도 했을 것이며, 좋지 못한 생각도 수십·수백 번 더 했을지도 모릅니다. 실제로 관우는 유비를 만나 도원결의를 하기 전, 젊은 시절에 친구의 원수를 갚는다는 명목으로 고향의 권세 있는 사람을 죽인 일이 있어요. 그 일 때문에 시골 오지에 숨어 살다가 유비를 만나게 된 것이죠. 이처럼 관우의 생애에 있는 부정적인 요소가 없지 않음에도 『삼국지』는 관우가 오로지 유비에게 충성하고, 불의를 미워한 대장부로 소개하고 있어요.

이런 생각도 해 볼 수 있지 않을까요? 세상에 그런 사람이 흔치 않으니 소설을 각색한 사람들이 그런 모범적인 인간상을 하나씩 만들어 낸 것은 아닐까요. 실제로 우리는 우리 자신에게 유리한가, 불리한가를 따져 시시때때로 마음이 변하는 사람들이에요. 이런 세태 속에서 관우처럼 초심을 잃지 않고 한마음을 평생 먹을 수 있다면, 이 또한 우리에게 작은 교훈을 주는 것 아닐까요?

5장

한 사람이 악하기도 하고
선하기도 할 수 있을까요?

—

악인 조조를 위한 변명

내가 남을 배반하는 일은 있을지언정

남이 나를 배반하게 내버려 두지 않는다는 것이

내 인생 철학이오.

조조의 화려한 등장

『삼국지』에서 조조의 역할은 악역이에요. 유비가 성인군자(聖人君子)의 대명사라면 조조는 어떻게든 권력을 쟁취하려는 악한(惡漢), 즉 나쁜 짓을 일삼는 사람이에요. 물론 등장부터 그가 나쁜 사람은 아니었어요. 오히려 『삼국지』의 첫 등장은 옳은 길을 걸으며 당시 사람들의 주목을 받았어요.

조조는 황건적의 난을 평정하면서 『삼국지』 전면에 화려하게 등장해요. 가는 곳마다 연전연승하면서 황건적 토벌에 공을 세운 조조는 이후 여러 벼슬을 거치면서 승승장구합니다. 의병을 일으켜 역시 연전연승했지만, 아무런 공적도 인정받지 못한 유비와는 정반대였지요. 이처럼 『삼국지』는 유비와 조조의 상황을 알게 모르게 비교하면서 이야기를 흥미롭게 이끌어 갑니다. 유비와 조조, 조조와 유비를 대비해서 읽어 보면 『삼국지』 읽는 맛이 더 배가 될 거예요.

다시 조조 이야기를 해 보죠. 조조가 사람들의 주목을 받기 시작한 것은 그보다 더 전인 20세 전후예요. 집안이 좋은 조조는 효렴이라는 벼슬에 추천이 되어 황궁에서 일을 하다가 이후 수도인 낙양의 북부도위(北部都尉)라는 직책을 담당하게 돼요. 낙양 북쪽의 치안을 담당하는 관리로, 황궁으로 통하는 문도 조조의 소관이었죠. 지금은 24시간 자유롭게 다닐 수 있지만, 우리나라에서도 불과 40년 전만 해도 밤 12시가 넘으면 통행이 금지됐어요. 그보다 2,000년 전인 『삼국지』 시대에는 더하면 더했지, 덜하지는 않았겠죠. 게다가 황궁이 있는 수도로 드나드는 일은 금기 중 금기였어요.

그런데 당시 세도가 높았던 환관 건석의 삼촌이 자신의 든든한 배경만 믿고 새벽에 문을 자유롭게 드나들었어요. 더구나 칼을 차고 말이죠. 황궁이 있는 거리 인근에서는 칼을 소지하는 것만으로도 역모로 다스렸지만, 건석의 삼촌은 아랑곳하지 않았어요. 바로 그때 조조가 등장해요.

조조는 "중상시의 아저씨 아니라 십상시의 할아비라도 국법은 어길 수 없는 것이오. 벌을 좀 받으시오."라며 그를 처벌해요. 어떤 『삼국지』에는 새벽까지 벌만 주었다고 하고, 또 다른 『삼국지』는 그를 매질해 죽였다고도 해요. 제아무리 권세가 높더라도 국법에 의해 처벌했다고 하니 건석도 어쩔 수 없었겠죠. 어쨌든 이 일로 조조는 그 매서운 이름을 떨칩니다. 이처럼 조조는 『삼국지』에 정의로운 인물로 처음 등장해요.

악인 조조

유비의 평생 맞수인 조조는 어떤 사람이었을까요. 앞서도 말했지만 사실 『삼국지』에서 조조는 악인의 대명사라고 해도 과언이 아니에요. 한순간의 오해로 아버지의 친구를 죽이고도 부끄러워하지 않고, 아버지의 복수를 위해서 한 지역의 주민들마저 죽이려고 한 인물이 바로 조조입니다. 어려서 조조의 관상을 본 유명한 관상가 허소는 이런 말을 했다고 해요.

그대는 치세(治世)의 능신(能臣)이고, 난세(亂世)의 간웅(奸雄)이오.

어려운 말이죠. 쉽게 말하면, 좋은 시절에는 좋은 신하가 될 테지만, 나쁜 시절에는 간사한 영웅이 될 거라는 말이에요. 옛날 말로 하면 "간에 붙었다가 쓸개에 붙었다" 하는 사람이라는 뜻이겠죠. 듣는 사람에 따라 기분 좋은 말은 분명 아니에요. 그런데 허소의 말을 들은 조조는 큰소리로 웃으면서 기뻐했다고 해요. 자신의 추구하는 삶의 방향과 정치적 목적과 너무나도 잘 맞았기 때문일 거예요.

잔머리 대마왕 조조

대표적인 일은 동탁을 암살하려는 얕은수가 발각되면서 도망칠 때입니다. 동탁이 승상이 된 조정에서 벼슬을 살던 조조는 동탁의 전횡이 못마땅했어요. 당시만 해도 조조는 한나라의 중흥을 꿈꾸고 있었기 때문이에요. 황제가 제대로 서야 나라도 안정될 텐데, 어린 황제를 동탁이 한 손에 움켜쥐고 있었던 것이죠.

마침 사도(司徒)라는 높은 벼슬을 하는 왕윤 역시 동탁을 죽이려는 마음을 먹고 있었어요. 우연한 기회에 서로의 마음을 안 두 사람은 동탁 제거 계획에 들어가요. 조조는 동탁이 자신을 신뢰하니 뒤돌아 있을 때 칼로 찌르면 된다고 계획을 알려 주죠. 왕윤은 집안의 가보인 칠성보도를 내어 주면서 조조의 암살 계획을 독려해요. 하지만 거사는 계획대로 이뤄지지 않습니다. 조조는 그 길로 도망자 신세가 되고 고향을 바라보고 길을 떠나요.

고향으로 돌아가던 중 조조는 아버지인 조숭의 친구 여백사의 집에 머물게 돼요. 여백사는 모처럼 방문한 친구의 아들을 대접하기 위해 술을 사러 가고, 하인들은 남아 안주를 마련합니다. 그런데 어디선가 칼 가는 소리와 함께 이런 목소리가 들려요.

묶어서 죽이는 게 좋지 않을까?

쫓기던 조조는 자신을 죽이려는 계략으로 알고, 네다섯 명의 목숨을 죽이고야 맙니다. 그들 곁에 있는 돼지를 보고서야 후회했지만 이미 일은 돌이킬 수 없었어요. 함께 도망치던 진궁과 함께 여백사의 집을 부랴부랴 나섰고, 급기야 길에서 만난 아버지의 친구 여백사의 목숨마저 빼앗습니다. 깜짝 놀라 자신을 바라보는 진궁에게 조조는 "처자식과 하인들을 죽인 것을 알면 나를 관가에 고발할 것"이라고 말하면서 이런 말을 덧붙여요.

내가 남을 배반하는 일은 있을지언정 남이 나를 배반하게 내버려 두지 않는다는 것이 내 인생 철학이오.

옆에서 듣고 있던 진궁만 놀랐을까요? 처음 조조의 말을 들었을 때는 저도 깜짝 놀랐어요. 어떻게 사람이 이토록 이기적일까 하고 말이죠. 그런데 곰곰이 생각해 보면 세상 사람 모두가 은연중에 이렇게 생각하고 있을지도 모릅니다. 자신에게 유리하면 상관없지만, 조금이라도 불리하면 싫은 티를 내죠. 작은 권력이라도 가지고 있으면 갑질도 마다하지 않아요. 이처럼 『삼국지』는 은연중에 사람의 심리나 행동 윤리 같은 것들을 알려 주는 책이기도 해요. 『삼국지』를 단지 소설로만 대할 수 없는 이유이죠.

치세의 능신, 난세의 영웅

다시 조조 이야기를 해 볼게요. 실제로 조조는 철저하게 치세의 능신, 난세의 간웅의 길을 걸었어요. 한나라가 황건적의 난으로 완전히 기울기 전까지는 철저하게 한나라의 신하로 능신의 길을 걸어요. 동탁이 낙양을 점령하고 황제를 겁박하여 국정을 좌지우지하자 전국의 제후들과 함께 토벌군을 일으킨 사람이 바로 조조예요. 이때도 조조는 자신이 나서기보다 명망가의 후손인 원소를 맹주로 추대하고 조력자 역할을 맡아요. 물론 결정적인 순간에 다른 선택을 하지만요.

하지만 조조는 한나라의 황제를 손아귀에 넣는 순간 태도가 180도 달라져요. 힘없는 황제를 겁박하고 업신여기면서 전횡을 일삼기 시작한 것이죠. 황제에게 "내가 구해 주지 않았으면 벌써 죽은 목숨"이라며 업신여기기도 해요. 촉나라와 오나라를 토벌하기 위해 수시로 전쟁을 일으키고, 그 와중에 수많은 사람을 죽음으로 몰아넣기도 하죠. 조조의 폭정을 참을 수 없었던 많은 사람이 암살과 독살 등을 시도했지만, 그 사람들만 처참한 최후를 맞이할 뿐이었어요.

살아서 악한 일이 많이 해서일까요? 『삼국지』가 전하는 조조의 죽음은 간담이 서늘합니다. 수많은 허깨비들이 피투성이인 채로 조조를 향해 달려들었는데, 자세히 보니 자신에게 죽임을 당한 수많은 사람들이었어요. 조조는 죽기 전까지도 의심이 많았어요. 얼마나 많은 사람들을 죽였으면 죽고 나서 자신이 무덤이 파헤쳐질 것이 두려워 가짜 무덤 70기를 만들라고 유언까지 했을까요. 조조의 것이라고 알려진 무덤이 여럿 발견되었지만, 아직 그 진위 여부는 확실하지 않다고 해요. 조조의 의심이 2,000년 가까이 이어졌으니 그 유언만큼은 성취했다고 볼 수 있을 듯합니다.

혁신가 조조

『삼국지』에서 나쁜 사람 역할을 맡는 조조가 실은 위대한 '혁신가' 중 한 사람이었다면 믿을 수 있겠어요? 소설 『삼국지』는 대개 조조를 임기응변의 달인이자 악인으로 묘사할 때가 많지만, 실상 조조는 제도 개혁과 민생 안정에 주력했던 인물이라는 평가가 후대에 나오고 있어요.

조조의 콤플렉스, 환관의 후예

돗자리와 짚신을 짜던 유비와 달리 조조는 명문가 후손이었어요. 비록 그의 아버지 조숭이 환관의 양자였다는 사실을 평생 콤플렉스로 떠안고 살았지만 그 덕에 약관(弱冠) 스무 살에 관직에 나갈 수 있었어요. 바로 이때 황제가 총애하는 환관의 숙부를 야간 통행금지 규정 위반의 죄목으로 처형하면서 명성을 떨칠 수도 있었죠.

조조는 인재를 무척이나 아끼는 사람이었어요. 다만 유비가 삼고초려로 제갈공명을 불러낸 것에서 보듯 지극정성을 들이는 스타일이었다면, 조조는 각 사람의 재주를 아끼고 사랑하는 사람이었죠. 훗날 천하통일의 기반을 다진 것은 어쩌면 이 같은 용인술에 있는지도 몰라요. 그런 조조는 조세제도 개혁에도 심혈을 기울였고, 전장을 누비면서도 시와 음악을 즐겼어요. "치세에는 능신(能臣)이고, 난세에는 간웅(奸雄)"이라는 한마디 말로 조조를 평가하기에는 복잡다단한 인물인 것만은 분명해요.

혁신가로서 조조의 면모는 이처럼 인재 등용에 잘 나타납니다. 중국 역사학자 장쭤야오의 『조조 평전』에 따르면 조조는 "바른 생각으로 인재를 부리고 나아가 지력과 용력이 뛰어난 인재를 기용한다면 결국 천하를 얻을 수 있다."고 생각했어요. 그래서 조조는 인재 한 사람을 얻을 때마다 크게 기뻐했다고 해요.

『삼국지』에서는 독단적으로만 보이는 조조가 실제로는 각양 인재들의 의견을 경청하고, 혹 자신과 다른 의견을 낼지라도 좋은 방법이라면 포상까지 했다고 해요. 『삼국지』에서 보여 준 모습과는 천양지차예요.

인재를 등용하는 데 출신을 차별하지 않았던 것은 아마도 자신의 출신 배경 때문일 거예요. 조조의 아버지 조숭은 환제 시절 중상시(中常侍)로 황후궁의 업무를 관장하는 대장추(大長秋)를 지낸 환관 조등의 양

아들이었어요. 조조는 조등의 손자인 셈이죠. 당시 중상시는 엄청난 재력과 권력을 가진 사람들이었지만, 신분으로 보면 천민과 다름없었어요. 그러니 당시 주류 계급이던 사인(士人) 계급 사람들, 즉 대대로 관직을 세습하며 떵떵거리고 살았던 사람들에게 조조는 손 아래로 볼 수밖에 없는 인물이었죠.

세금 징수 방법을 혁신한 조조

어쩌면 조조는 이런 신분의 격차를 뛰어넘기 위해 권력을 탐했는지도 몰라요. 한편에서는 이런 생각도 할 수 있지요. 자신이 당한 차별 아닌 차별을, 자신과 일하는 사람들만은 겪지 않게 하겠다는 의지가 있었다고요. 모두 추측일 뿐이지만, 조조는 이처럼 다면적인 인물인 것만은 틀림없습니다.

그런가 하면 조조는 조세제도를 정비한 것으로도 유명해요. 관료들의 수탈이 도를 넘으면 나라가 위태롭다는 것을 잘 아는 조조는 호족들의 토지 독점을 막고 조세제도를 혁신합니다. 그 핵심은 농지 면적에 따라 징수액을 계산하고 호구에 따라 비단과 솜을 징수하는 것이었어요. 이 제도는 조조제(租調制)의 시발점이 되었는데, 징수량을 명확히 규정하고 있다는 점에서 중국 조세제도의 큰 업적으로 평가받고 있어요.

그런가 하면 둔전제를 시행하기도 합니다. 둔전(屯田)은 변경 지역이나 군사 요충지에 주둔한 군대의 경비를 마련하기 위해 경작하는 토지를 말해요. 전쟁 중 점령지는 사실상 무법지대로 승전국의 약탈이 자행되는 공간입니다. 하지만 조조는 둔전제를 실시해 점령지에서도, 물론 평소보다 훨씬 많은 양이었지만, 일정량의 곡물만을 세금으로 받았어요. 물론 전쟁 상황이라 이것이 잘 지켜졌다고는 볼 수 없을 겁니다.

이처럼 조조는 다양한 얼굴을 지니고 있어요. 『삼국지』에서 보여지는 악인의 얼굴만은 아니라는 것이죠. 모든 사람은 이처럼 다양한 얼굴을 가질 수밖에 없지만, 『삼국지』는 어떤 분명한 메시지를 전달하기 위해 우리에게 악인 조조만을 보여 준다고 할 수 있어요. 그 메시지는 여러분이 직접 『삼국지』를 읽고 찾아보면 좋을 듯해요.

6장

왜 역사의 주인공은 항상 남자,
그리고 어른들뿐일까요?

—

『삼국지』를 빛낸 조연들

나는 연인(燕人) 장비다.

너는 조조가 아니냐?

감히 용기가 있거든

나와 더불어 승부를 겨루자!

사랑스러운 캐릭터 장비

『삼국지』는 수많은 사람이 등장해 이야기를 이끌어 가요. 그 가운데 주연이 있고, 수많은 조연도 있었지요. 앞서 이야기 나눈 유비와 관우, 제갈공명, 조조 등 주연들과 어깨를 나란히 한 조연을 꼽으라면 단연 장비를 들 수 있어요. 장비는 준주연급이라고 해도 좋을 정도로 멋진 활약을 펼칩니다.

　장비는 소나 돼지를 잡아 팔다가 유비를 만나 관우와 함께 형제의 의를 맺었고, 죽는 날까지 그 의를 한 번도 어기지 않았어요. 돼지를 잡아 팔았다고 해서 그가 미천한 신분은 아니었습니다. 그가 미천한 신분이 아니라는 사실은 장비가 전쟁터에서 적장과 마주할 때 자신을 소개했던 호칭을 보면 알 수 있어요. 장비는 상대 장수에게 달려들 때 항상 이렇게 외쳤습니다.

나는 연인(燕人) 장비다.

사랑하는 사람을 뜻하는 연인(戀人)이라고 생각하실 수도 있지만, 여기서 연인(燕人)은 중국 전국시대의 연나라 지역을 의미해요. 이를 좀 더 깊숙이 들어가 보면 자신이 연나라 출신 왕족이나 귀족이라는 의미이기도 해요.

가식이라곤 1도 없는 사람 장비

장비는 한마디로 가식이 없는 사람이었어요. 좋은 것은 좋다고 하고, 싫은 것을 싫다고 하는 직설적인 사람이었죠. 황건적의 난을 평정하는 데 혁혁한 공을 세웠지만, 유비·관우·장비의 의병대는 이렇다 할 보상을 받지 못했어요. 십상시들이 자신들과 친한 사람들의 벼슬만 높여 주었기 때문이죠. 또 뇌물을 받을 사람들만 관직을 높여 주기도 했었죠.

이때 유비와 교분이 있는 장균이라는 사람이 유비의 사정을 황제에게 이야기했고, 겨우 안희현 현위 벼슬을 얻게 됩니다. 현위는 지금의 경찰서장 정도에 해당하는, 당시로써는 미관말직(微官末職)이었어요. 그런데도 유비는 현위 벼슬을 성실히 수행합니다. 장비는 고작 이런 걸하려고 목숨을 걸었냐며 투덜거리지만, 유비를 묵묵히 그곳에서 내일을 준비합니다.

하지만 안희현에 행정감사를 내려온 최렴이라는 벼슬아치가 관아에
들어서는 순간부터 노골적으로 뇌물을 요구합니다. 독우라는 벼슬을
하는 그는 바라는 뇌물이 들어오지 않자 유비가 나쁜 짓을 했다고 거짓
자백을 하도록 마을 주민들을 괴롭히기까지 했어요. 장비가 가만히 있
을 수 없는 일이죠. 화가 머리끝까지 난 장비는 술에 취해 최렴을 버드
나무에 매달고는 회초리로 등을 때리기 시작합니다.

어떤 사람들은 이 장면을 보며 통쾌해하고, 누군가는 유비 일행의 앞
일을 걱정하기도 해요. 이 일 후 이들 형제는 알량한 현위 벼슬을 미련
없이 버리고 새로운 길을 떠나요. 그러니 이런 장비의 행동을 철없는
짓이라고만 할 수 없는 일이지요.

『삼국지』 최고의 무장 장비

그런데 어떤 기록을 살펴보면 최렴을 매질한 것이 장비가 아니라 유비
라는 말도 있어요. 유비는 '천하의 효웅(梟雄)'이라고 당시 불렸는데, 앞
서 말한 것처럼 효웅은 '매우 사납다.'는 뜻도 있고, '남에게 길들여지지
않는 사람'이라는 뜻도 있어요. 그러니 최렴을 매질한 것이 유비일 확
률이 높습니다. 다만 유비는 유순하고 지극정성으로 나랏일을 대하는
사람이기 때문에 화통한 장비가 그 역할을 했다고 후대 소설이 창작되
면서 바뀌었던 것이죠.

장비로서는 하지 않은 일을 했다고 후대 사람 모두가 믿고 있으니 억울할 수도 있겠지요. 하지만 그것 때문에 오히려 장비라는 캐릭터가 확실하게 자리매김했으니 더 좋아할 수도 있을 겁니다.

이런 화통한 성격처럼 장비는 『삼국지』에서도 최고 클래스의 무장이었어요. 한때 조조 진영에 머물렀던 관우는 조조와 원소간의 전쟁에 참여하게 됩니다. 그때 관우가 누구도 당해 내지 못하는 원소 휘하의 맹장 안량과 문추를 이기게 됩니다. 그 무공을 치하하는 큰 잔치에 나간 관우의 무예를 조조가 크게 치하하자, 관우는 불쑥 이렇게 말해요.

제 아우 장비에 비기면 저의 재주는 아무것도 아닙니다. 장비는 적장의 목을 베기를 마치 주머니 속에 들어 있는 물건 꺼내 놓듯 하는 장수입니다.

적토마를 타고 청룡언월도를 휘두른 관우는 『삼국지』에서 가장 빛나는 장수 중 하나입니다. 그런 사람이 장비를 크게 칭찬했으니 장비의 무예도 남다른 것만은 분명합니다.

또 이런 일도 있었어요. 조조가 50만 대군을 이끌고 형주의 유비를 공격했습니다. 힘이 부족한 유비는 또다시 퇴각했고, 행렬의 가장 뒤를 장비가 지키게 되었어요. 불과 20여 명의 병졸들이 그를 따를 뿐이었죠. 그럼에도 장비는 장팔사모를 비껴 잡고 장판교 위에 서서 조조군을 향해 소리쳤습니다.

장판교 위에 서서 조조군을 향해 소리치는 장비의 모습을 그린 조선 시대 후기의 그림

나는 연인 장비다. 너는 조조가 아니냐? 감히 용기가 있거든 나와 더불어 승부를 겨루자!

하지만 조조는 물론 그 아래 맹장들도 누구 하나 앞으로 나서지 못했어요. 조조 진영에 조인, 이전, 하후돈, 악진, 장요, 허저 같은 맹장들이 나서려고 했지만 속으로는 찜찜했을 겁니다. 상황을 눈치챈 조조가 이렇게 말합니다.

관운장이 내게 천하의 명장이라고 칭찬했던 장비가 바로 저자로구려. 저자가 한번 노하면 백만대군 속에 뛰어들어 대장의 머리를 베어 오는 것이 주머니 속에서 물건을 꺼낼 때처럼 쉽다고 했소. 그대들도 장비의 이름은 들어서 알고 있을 것이오.

그러다 보니 장수들도 서로의 얼굴만 쳐다볼 뿐이었죠. 보다 못해 하후걸이라는 젊은 장수가 자신의 용맹만 믿고 나서지만 "이 쥐새끼 같은 놈아! 네가 나를 어쩌자는 것이냐!"라는 장비의 일성에 그대로 말에서 떨어져 죽어 버립니다. 칼 한 번 쓰지 않고 장수가 말에서 떨어져 죽자, 조조 진영의 분위기를 얼음장처럼 변해 버리고야 맙니다.

조조는 그 옛날 관우가 들려준 "적장의 목을 베기를 마치 주머니 속에 들어 있는 물건 꺼내 놓듯 하는 장수"라는 말도 있고 해서, 또한 저렇게 대담하게 나오는 이유가 뒤에 많은 군사가 있기 때문이라고 생각해서 결국 군사를 뒤로 물립니다. 의심 많은 조조 아닙니까. 장비가 소수의 인원만 데리고 다리 앞을 지킨다는 것은 제갈공명의 계략이 있을 거라고 지레짐작한 것이죠.

단순무식, 그러나 사랑스러운 캐릭터

장비는 무예만큼은 출중했지만 지략은 그다지 높지 않았어요. 장판교에서 맹위를 떨쳤지만 곧장 다리를 헐어 버리고 본진으로 돌아갑니다. 다리를 허물었다는 것은 많은 군사가 배후에 있는 게 아니라는 사실을 자인하는 일이었어요. 결국 조조는 급히 다리 세 개를 놓아 유비군을 추격하기에 이릅니다.

그러나 평생 천하를 호령한 걸출한 무장이지만 장비의 죽음은 허무합니다. 관우가 오나라 장수 여몽에게 패해 목숨을 잃자 장비는 황제에 즉위한 형 유비를 찾아가 복수전을 펼치자며 눈물로 애걸복걸해요. 유비도 한날한시에 죽겠다는 도원결의를 되새기며 장비에게 복수를 약속하지요. 장비는 부리나케 근거지로 돌아가 전쟁을 준비합니다. 장비가 휘하에 내린 명령은 3일 안에 하얀 갑옷을 갖춰 입고, 전쟁에 나설 준비를 마치라는 것이었어요. 몇백 개면 어떻게 만들어 볼 수 있으련만, 준비해야 하는 갑옷은 무려 1만 5,000개였어요.

범강과 장달은 장비에게 일정이 촉박하다며 말미를 더 달라고 했지

만, 관우의 죽음 이후 술만 들이키던 장비의 화만 건드리는 꼴이었어요. 흠씬 두들겨 맞은 두 사람은 어차피 장비 아래서는 살 수 없다고 생각하고는, 이내 장비의 목을 베어 오나라에 투항해요. 장판교에서 조조의 대군을 떨게 했던, 주머니에서 물건 꺼내듯 적장의 목을 베었다던 위풍당당한 장비는 그렇게 허무하게 세상을 떠납니다.

그럼에도 장비는 『삼국지』에서 가장 사랑스러운 캐릭터 중 하나에요. 유비는 지나치게 소극적이고, 관우는 말끝마다 대의명분을 앞세웠다면, 장비는 조금 나쁜 말로 하자면 기분 내키는 대로, 좋은 말로 하자면 자기 감정에 충실한 사람이었어요. 뇌물만 바라는 독우를 회초리로 매질한 것이나, 자신의 형이자 주군인 유비를 하대하는 여포에게 창을 들고 달려드는 모습은, 관점을 달리해 보면 코믹할 정도예요. 『삼국지』에서 장비는 도무지 미워할 수 없는, 가장 생기발랄한 캐릭터라고 할 수 있어요.

주연, 준주연이 있다면 조연도 있어야겠죠. 이제 조연 몇 사람을 살펴볼게요. 그 첫 번째 인물은 바로 조운입니다. 조운 역시 『삼국지』를 대표하는 무장 중 한 사람이에요.

풍운아 조자룡

후퇴를 모르는 장수 조자룡

『삼국지』에서 가장 매력적인 인물 중 하나는 촉나라의 장수 조운입니다. 본명인 조운보다 조자룡이라는 호칭이 더 익숙하죠. 그는 본래 유비와 함께 공부한 공손찬의 휘하에 있던 말단 장수였어요. 하지만 공손찬이 올바른 지도자가 아니라는 것을 알고, 한나라의 부흥을 위해 고군분투하는 유비에게 몸을 의탁합니다.

조자룡은 싸움에 나가서는 한 번도 물러서지 않을 정도로 용감무쌍했고, 행동도 단정하고 엄숙했어요. 신중하기까지 해서 유비는 물론 제갈공명의 신임을 한몸에 받는 사람이기도 했어요. 『삼국지』 전체에 걸쳐 단 한 번도 실수가 없었던 사람을 찾으라면 저는 단연코 조자룡을 뽑을 수밖에 없을 것 같습니다.

그럼 조자룡이 얼마나 용감무쌍한 사람인지 한번 볼까요? 장비가 장판교 위에 서서 조조의 50만 대군을 벌벌 떨게 했을 때, 조자룡은 그 50만 대군 속에서 단기필마(單騎匹馬), 즉 혼자서 말을 달려 유비의 외아들 유선을 구합니다. 그 와중에 조조 진영의 상장군 몇 사람의 목을 베었는데, 멀리서 이를 지켜보던 조조가 한마디 합니다.

과연 소문에 듣던 대로 조자룡은 천하의 호장(虎將)이로다. 저런 장수를 수하에 거느려보면 죽어도 여한이 없겠다. 지금 기어이 사로잡아야 하겠으니 조자룡을 활로 쏘지 말고 꼭 사로잡아 오라!

얼마나 눈부신 전투력이면 적군의 대장마저 감탄했을까요? 조자룡을 사로잡기 위해 조조 진영의 맹장 장요와 허저 등이 나섰지만, 뜻을 이루지는 못했어요. 유비의 아들 유선의 어릴 적 이름은 아두예요. 아두는 유비가 있는 본진으로 돌아올 때까지 조자룡의 갑옷 속에서 숙면을 했다고 하네요. 아들이 살아 돌아온 것을 기뻐하기도 잠시, 유비는 조자룡에게 이렇게 말합니다.

오, 아두가 무사하였구나. 그러나 이 아이 때문에 조 장군을 잃을 뻔했으니 하마터면 큰일 날 뻔했구려!

어떤 『삼국지』에는 유비가 자신의 아들 아두를 땅바닥에 내동댕이쳤다고 해요. 유비가 그토록 조자룡을 아꼈다는 말일 겁니다. 훗날 유비는 조자룡의 가리켜 "온몸이 담 덩어리"라고 칭찬하기도 해요. 유비를 향한 조자룡의 충성심은 더욱 커질 수밖에 없지 않았을까요.

바른말 잘 하는 조자룡

한편 조자룡은 성정도 남달리 깨끗했어요. 촉나라의 명운을 가르는 적벽대전에서 승리한 후 유비는 형주 일대를 차지하게 돼요. 유비는 관우와 장비, 조자룡을 네 곳으로 나누어 보내며 정벌을 명합니다. 조자룡이 담당한 곳은 계양이었는데, 그곳 태수 조범은 죽은 형의 부인, 즉 자신의 형수인 번씨를 조자룡에게 바치려고 합니다. 미인계로 조자룡을 마음을 혼란스럽게 하고는 다시 자신의 자리를 찾겠다는 속셈이었죠. 하지만 조자룡은 일언지하에 거절합니다.

내가 이미 그대와 형제의 의를 맺지 않았는가? 그대의 형수라면 나에게도 형수가 아닌가? 네 어찌 인륜을 어지럽히는 일을 꾸민단 말이냐?

조범은 결국 일을 그르치고 도주해요. 당시는 전쟁에서 이긴 승자가 모든 것을 갖는 시대였어요. 하지만 조자룡만큼은 그런 일에 일절 마음

을 두지 않았어요. 오로지 유비를 섬겨 한나라를 중흥시키는 것이 그의 삶의 목적이었으니까요.

조자룡은 바른말 잘 하기로도 유명했어요. 유비는 성도를 점령함으로써 삼국 중 마지막으로 '나라'라고 할 만한 영토를 차지합니다. 기분이 좋아진 유비는 여러 신료에게 성도의 전택(田宅), 즉 땅과 집을 나눠 주려고 해요. 그때 홀연 조자룡이 반대하고 나서지요.

익주의 백성들이 오랫동안 병화(兵火)에 시달렸으니 전택은 그들에게 나누어 주어 빨리 민심을 수습해야 합니다.

조자룡의 말은 백번 지당했어요. 하지만 듣는 사람에 따라서는 기분이 나쁠 수도 있겠지요. 저만 잘났다고 하는 소리 같으니까요. 그런데도 조자룡은 유비를 지척에서 모시면서 바른 소리 하기를 멈추지 않습니다.

심지어는 관우와 장비의 죽음으로 화가 극에 달한 유비가 복수하기 위해 전쟁에 나설 때도 조자룡은 반대하고 나섰어요. 지금 중요한 것은 위나라를 정벌하여 대의를 세우는 것이지 개인적인 복수심 때문에 오나라와 전쟁을 할 때가 아니라는 게 이유였어요. 제갈공명의 말이라면 무엇이든 듣는 유비인데도, 유비의 성정을 잘 아는 공명마저도 반대하지 못하는 상황이었는데 말이죠. 숱한 전쟁에서 선봉에 섰던 조자룡은 끝내 이 전쟁에서 배제되고야 맙니다.

후주도 사랑한 장수

앞서도 말했지만, 조자룡에 대한 신뢰는 유비는 물론 제갈공명, 그리고 후주 유선으로 이어졌어요. 제갈공명은 위나라를 치기 위한 첫 북벌에서 조자룡을 선봉장으로 기용합니다. 그의 이름이 가진 무게감이 남달랐기 때문이었죠. 하지만 1차 북벌이 실패하고 조자룡도 기곡 싸움에서 패하고 말아요. 『삼국지』에서 조자룡이 유일하게 진 싸움이 바로 이 대목입니다. 하지만 패인은 군사의 수가 위군보다 현저하게 적었기 때문이에요.

그래도 조자룡은 "군사 한 명 말 한 마리 잃지 않고, 군수품과 무기도 버린 것이 없이 퇴각"해요. 조자룡은 군사들을 먼저 퇴각시키고 혼자 남아 적의 장수를 참하는 등 놀라운 전공을 세우기까지 해요. 그 공을 높이 사 제갈공명이 '황금 50근'을 조자룡에게 하사하지만 "패장이 어찌 하사품을 받겠습니까."라며 사양해요. 병사들의 겨울 준비에 보태라는 말도 잊지 않아요. 장수 중의 장수, 리더 중의 리더라고 하지 않을 수 없어요. 그런 조자룡을 어찌 사랑하지 않을 수 있겠습니까.

하지만 난세를 뛰어난 무공을 뛰어넘은 조자룡도 세월은 비껴가지 못했어요. 2차 북벌을 앞두고 일흔이 넘은 나이에 세상을 떠나게 됩니다. 제갈공명이 얼마나 큰 충격을 받았으면 이런 말을 다 했을까요.

조자룡이 세상을 떠났으니, 이는 국가가 기둥 하나를 잃었고, 내가 팔 하나를 잃은 것이다.

누군가는 "멋대가리 없이 강직하기만 한 성품"이라며 조자룡을 비웃기도 했습니다. 오로지 유비만 바라보며 달려온 세월이었으니까요. 그래도 저는 조자룡의 대의가 요즘 시대에는 더욱 빛나는 것이 아닐까 생각합니다.

최강 전투력을 자랑하는 여포

배신의 아이콘, 여포

『삼국지』조연 중에는 배신의 아이콘으로 유명한 여포도 있어요. 그가 배신을 일삼은 것은 실은 변방의 한미한 가문에서 태어났기 때문이라고 분석하는 사람들도 있어요. 어려서부터 냉대와 차별을 몸으로 익혔기 때문에 더 높은 자리로 올라가야 한다는 생각만 있었고, 그것이 여러 번의 배신으로 나타났다는 것이죠. 하지만 『삼국지』어디에도 그런 설명은 나오지 않아요. 『삼국지』의 주연이 아닌 조연이기 때문이죠. 유비나 조조는 어려서의 일화나 각종 에피소드가 등장하는데, 그건 다 주인공들이기 때문이죠.

여포는 원래는 형주자사 정원의 양아들이었요. 힘도 세고 무술도 뛰어나 이미 전국에 명성이 자자했죠. 『삼국지』초기로 돌아가 볼까요.

황건적의 난이 평정되었지만 정국은 혼란스러웠고, 그 틈을 타 동탁이 황제를 볼모로 삼고 국정을 좌지우지할 때였어요. 그는 훗날 소제(少帝)라고 불린 황제를 폐하고 헌제(獻帝)를 황제로 세우려고 합니다.

그때 몇 사람이 반대하고 나서는데, 그중 한 사람이 바로 형주자사 정원입니다. 동탁은 정원이 자신의 뜻에 반대하자 칼을 뽑아 들고 죽이려 하지만, 정원 등 뒤에 "기골이 장대한 위장부"가 자신을 노려보며 "빙그레 미소 짓고" 있는 것을 보고 화들짝 놀랍니다. 바로 여포입니다. 서 있는 것만으로도 동탁이 두려워할 정도이니, 무공은 또 얼마나 대단할까요.

하지만 이익 앞에서는 한없이 작아지는 사내가 바로 여포였어요. 동탁은 여포에게 그 유명한 말 적토마와 각종 금은보화를 보내 회유합니다. 여포가 어떻게 했을까요? 안 봐도 아시겠죠? 조금 전까지 자신의 양아버지였던 정원의 목을 벤 여포는 희희낙락 동탁의 진영을 찾아갑니다.

더 충격적인 것은 곧바로 동탁의 양아들이 되었다는 사실이에요. 조금만 생각이 있는 사람이라면 동탁이 여포를 양아들로 맞아들인 것이 의아할 수 있어요. 금은보화와 말 한 마리에 팔려 양아버지 정원의 목을 베고 자신에게 왔다면, 곧 자신에게도 일어날 수 있는 일이라고 생각할 수 있지 않을까요. 하지만 악한 일에 배포가 맞는 사람들은 그런 일에 아랑곳하지 않아요. 오로지 쓸모만 있으면 돈으로 구워삶을 수 있다고 생각하죠.

물론 동탁과 여포의 부자 관계는 오래가지 못합니다. 한 여인을 두고 동탁과 여포가 다퉜기 때문이죠. 그 여인 이야기는 잠시 후 '『삼국지』의 여성들'에서 들려줄게요. 어쨌든 여포는 다시 양아버지 동탁의 목숨을 빼앗습니다. 여포의 배신은 여기서 그치지 않습니다.

마중적토 인중여포

여포는 자신을 성심성의껏 대해 준 유비의 고을을 빼앗는가 하면, 죽을 위기에 놓이자 조조에게 충성을 맹세하는 등 요즘 말로 '얍삽한' 사람입니다. 한마디로 그는 간에 붙었다가 쓸개에 붙었다 하는 인물로, 결국 인생 끝이 좋지 않았어요. 조조에게 사로잡혀 처형되는 것으로 여포는 생을 마감합니다. 여포는 한 시대를 풍미한 장수답지 않게 죽음 직전까지 조조와 유비를 번갈아 보며 목숨을 구걸합니다.

여포가 비록 『삼국지』의 배신의 아이콘이지만, 그의 무예만큼은 높이 평가하는 사람이 많습니다. 적토마를 타고 방천화극(方天畵戟)을 손에 쥔 여포는 그 누구도 쉽게 대적할 수 없는 장수였습니다. 대개의 『삼국지』 게임에서도 여포는 전투력 최강의 캐릭터로 나온다는 것, 이미 알고 계시죠.

그래서 이런 말도 생겨났어요. "마중적토 인중여포(馬中赤兎 人中呂布)." "사람 중에는 여포가 있고, 말 중에는 적토마가 있다."라는 뜻이에요. 출중한 무장과 천하의 명마(名馬) 적토마. 가히 천하무적이겠죠.

실제로 동탁을 토벌하기 위해 18명의 각 지역 맹주들이 모였을 때, 그들은 오직 여포만을 두려워했어요. 전장에 나선 여포는 화려한 전포에 적토마를 타고 있었는데, 어느 누구 하나 대적하기 어려운 포스였어요. 몇 명의 장수가 목숨을 잃자 제후들은 후퇴를 고민했는데, 이때 나선 장수가 바로 장비입니다. "고리눈을 부릅뜨고 호랑이 수염을 거꾸로 뻗치면서" 장팔사모를 휘두르며 장비가 나선 것이죠. 그때 장비가 이런 말을 해요.

이놈, 세 놈의 성(姓)을 가진 종놈의 새끼야! 닫지를 마라. 연인 장비가 여기 있다.

세 놈의 성이란, 여포 자신의 성과, 자신이 죽인 정원, 그리고 당시 아버지로 모신 동탁의 성 세 개를 말합니다. 여포의 화를 돋우려는 장비의 꾀였죠. 하지만 두 사람의 싸움은 50여 합이 지나도록 승부가 쉽게 나지 않았어요. 그 모습을 보고 관우가 82근짜리 청룡언월도를 들고 여포를 협공합니다. 그래도 여포는 끄떡없었어요. 관우가 싸움에 참여하고 30여 합이 오고 갔지만, 여포를 거꾸러뜨리지는 못했어요. 그러자 유비가 쌍고검을 휘두르며 싸움을 돕기에 이릅니다. 제후들은 그저 멍하니 그 빛나는 싸움을 구경만 하고 있었어요.

『삼국지』는 유비와 관우, 장비 삼 형제의 빛나는 무예와 용감함을 이 장면에 덧입히려고 하지만, 가장 빛나는 건 역시 여포라고 할 수 있습니다. 관우와 장비가 누군가요. 『삼국지』를 통틀어 다섯 손가락 안에 드는 맹장들이에요. 그런 두 사람에 유비까지 합세해 격전을 벌였는데도, 여포는 절대 밀리지 않았어요. 문득 이런 생각이 드네요. 출중한 무예의 소유자였던 여포의 마음이 조금만 올곧았으면 『삼국지』의 이야기가 달라져도 많이 달라졌을 거라고요.

이름도 빛도 없는
『삼국지』의 여성들

여성에게 친절하지 않은 『삼국지』

『삼국지』를 셀 수도 없이 읽었지만, 언젠가부터 다소 아쉬운 부분이 생겼어요. 『삼국지』는 오로지 남자들, 그것도 남자 어른들만의 세계라는 점이에요. 정작 어린 시절에는 그 부분에 마음이 끌려 『삼국지』를 읽기 시작했지만, 철이 들고 생각이 깊어지니 이런 부분들이 조금 아쉽게 느껴집니다.

『삼국지』는 여성들에게 절대 친절하지 않아요. 처음부터 끝까지 전쟁터 이야기만 나오기도 하지만, 정작 등장인물 중에 여성이 돋보이는 경우가 없기 때문이죠. 시대가 그런 때이기도 했지만, 거대한 전쟁을 배경으로 한 탓에 여성들이 나설 수 있는 자리가 별로 없었던 탓도 있어요.

『삼국지』에 등장하는 여성 중 가장 유명한 사람은 아마도 기생 '초선'이 아닐까 싶어요. 국정을 장악하고 전횡을 일삼는 동탁과 그의 양아들이자 절세무공을 자랑하는 여포를 갈라놓기 위해 투입된(?) 기생 초선은, 요즘 말로 팜파탈(femme fatale)이라고 할 수 있어요.

한나라의 기운이 날로 쇠하자, 한나라 최고위직 중 하나인 사도(司徒) 벼슬을 하는 왕윤은 동탁을 제거하기 위해 가기(家妓) 초선을, 딸처럼 키운 아이라고 속여 먼저 여포에게 첩으로 주기로 약조해요.

하지만 왕윤은 곧이어 동탁을 집으로 초대해요. 이날 초선은 황홀한 춤사위로 동탁의 시선을 사로잡아 버립니다. 여자를 좋아하는 동탁이 초선을 자신의 거처로 데리고 돌아간 것은 당연지사.

여포는 동탁이 부르기를 기다려요. 왕윤이 양아버지 동탁이 며느리 될 사람을 먼저 데리고 간 것이라고 둘러댔기 때문이죠. 하지만 동탁은 해가 중천에 뜰 때까지 여포를 부르지 않았어요. 궁금증을 참을 수 없었던 여포는 동탁의 침소로 달려가요. 거기서 울고 있는 초선을 발견했어요.

이때부터 동탁과 여포의 사이는 멀어지기 시작합니다. 결국에는 여포가 동탁을 죽이지만 "호랑이 없는 곳에는 여우가 왕 노릇한다."고, 또 다른 간신배들이 정권을 탈취하죠. 이후 초선의 삶에 대해서는 상반된 주장이 있습니다. 어떤 『삼국지』는 스스로 생을 마감해 자신의 삶을 아름답게 했다고 하고, 또 다른 『삼국지』는 여포의 후처가 되어 세상사에 휩쓸려 갔다고도 해요. 어떤 선택을 했든 안타까운 인물이 아닐 수 없습니다. 꽃다운 나이에 남성들의 싸움에 휘말려 빛나는 삶을 살지 못했으니까요.

남편에게 죽임 당한 불쌍한 아내

『삼국지』에 등장하는 여성 중 제게 가장 강렬하게 기억되는 사람은 이름조차 없어요. 주인공임에도 유비는 『삼국지』 초·중반까지 연전연패하며 도망만 다니는 인물인데, 그날도 뒤따르는 사람이라고는 오래전부터 자신을 모신 손건과 그 수하 수십 기뿐이었어요. 적군에게 쫓겨 이리저리 피하던 중 유비는 유안이라는 사냥꾼의 집으로 흘러듭니다. 마침 유안은 그가 유비인 것을 알아보았고, 낮에 사냥해 온 이리 고기라며 푸짐한 한 끼 식사를 대접해요. 도망 다니느라 거친 밥과 풍찬노숙을 해야만 했던 유비는 모처럼 든든히 먹고 단잠에 빠집니다.

다음 날 아침 유비는 다시 길을 떠나기 위해 마구간에 들어섰고, 그곳에서 허벅지 등을 예리한 칼에 베인 채 죽어 있는 한 여인을 발견해요. 유비는 깜짝 놀라 집주인 유안을 불렀고, 유안은 울며 자초지종을 말합니다.

그 사람은 제 마누라올시다. 실은 제가 몹시 가난하여 아무것도 대접할 것이 없기에 어제저녁에 마누라의 살을 베어 대접한 것입니다.

입에 풀칠할 변변한 재료가 없었던 집주인은, 아내를 죽여 허벅지 살로 요리를 해 유비를 대접했던 것이죠. 눈치채셨겠지만 이 이야기는 나관중이, 혹은 입에서 입으로 전해지며 창작된 것입니다.

여기에는 고대 중국 사람들의 고유한 문화가 반영된 것이라는 주장도 있어요. 자신의 주군(主君)에게 충성을 표시하는 방법으로 자신의 살을 베어 바치거나 가족의 인육으로 대접했다는 거예요. 듣기만 해도 끔찍하죠. 그래도 그렇지, 어떻게 가족을 죽여 바치느냐고 반문할 수 있습니다.

나관중은 아마도 이런 의도로 이 대목을 만들어 넣지 않았을까 싶어요. 촉한정통론, 그러니까 중국 사람들이 그토록 좋아하는 한나라를 다시 세우겠다고 한 유비가 얼마나 고귀한 사람인지, 그리고 유비에 대한 백성들의 신망이 얼마나 두터운지, 고대 중국 사람들의 습성을 가져와 설명하려고 한 것이죠.

정치의 희생양이 된 손부인

『삼국지』에 등장하는 또 다른 비운의 여인은 유비와 패권을 다툰 손권의 여동생으로, 유비와 정략결혼을 한 손부인입니다. 손상향이라는 이름으로 세간에 알려졌지만 정확하지는 않아요. 다만 그녀는 당시 보통의 여인들과는 다르게 무예를 연마했고, 시중을 드는 주변 사람들도 오로지 무예가 출중한 여성들만 두었다고 해요. 오십을 바라보는 유비에게 스무 살도 안 된 어린 여성이 시집을 가야만 했는데, 오빠 손권이 유비를 견제하기 위한 고육책으로 여동생을 유비에게 시집보내려고 한 것이죠.

애초에는 유비를 오나라로 불러들여 죽이려는 계획이었어요. 하지만 유비의 책사 제갈공명이 누굽니까. 앉아서 천 리를 본다는 사람 아니던가요. 제갈공명은 유비를 호위하기 위해 떠나는 조자룡에게 급할 때 끌러 보라며 세 가지 계책이 담긴 주머니를 챙겨 줘요. 세 개의 주머니 때문에 근심이 사라진 조자룡은 유비를 모시고 오나라로 떠났어요.

손권은 유비를 극진히 섬깁니다. 가난하게 자랐고, 평생 전쟁터를 떠돌았던 유비로서는 모처럼의 호사가 달콤했더랬죠. 그때 조자룡이 나섭니다. 주머니에 담긴 계책을 읽은 조자룡은 이러저러한 일들을 통해 유비로 하여금 손권 어머니의 마음을 사로잡도록 했고, 온 오나라에 유비와 손권 여동생이 결혼한다는 소문을 냅니다. 이로써 유비와 손권 여동생의 결혼은 기정사실이 됩니다.

끝내 손권은 수하를 시켜 유비를 잡으려고 하지만, 손권은 어머니와 민심의 눈치를 볼 수밖에 없었어요. 적벽대전 이후 손쉽게 형주를 차지한 유비, 반면에 국력을 총동원해 적벽대전을 승리로 장식했지만 요충지 형주를 잃는 등 별다른 소득이 없었던 손권으로서는 여동생을 유비에게 시집보내는 일이 마지막 묘책과도 같았어요.

하지만 결혼으로 맺어진 동맹은 오래가지 않았어요. 손부인은 유비의 이릉대전, 즉 유비가 관우와 장비의 죽음에 대한 복수심에 불타 일으킨 전쟁에서 패하고 죽자 장강에 몸을 던져 스스로 목숨을 버립니다. 어려서부터 무예를 좋아했던 한 여장부의 일생이 허무할 정도이죠. 나이와 국경을 초월한 대단한 로맨스이기도 해요.

하지만 정사는 좀 다르다고 해요. 말 그대로 정략결혼이었고, 부부임에도 서로가 서로를 못 믿는 그런 사이였다고 해요. 이 이야기를 허구로 만든 이유도 단 하나예요. 제갈공명이 등장과 함께 제시한 천하삼분지계를 공고하게 하기 위한 하나의 장치인 셈이죠. 제갈공명의 지혜를 빛나게 하는데 또 한 명의 여인이 이용만 당한 셈이라고나 할까요.

청소년기 거치지 않은 영웅은 없다

『삼국지』는 좀처럼 여성이 등장하지 않지만, 등장한다 해도 그 역할이 남성의 그늘에 한정되어 있어요. 어려서 읽은 『삼국지』는 광활한 대륙을 무대로 종횡무진하는 영웅들의 대서사시였어요. 철들고 읽은 『삼국지』는 인생의 의미와 철학을 알려 준 책이었죠. 하지만 유독 여성에게만큼은 인색한 것이 『삼국지』예요. 곰곰이 생각해 보면 『삼국지』에 등장하는 남자들은 좀스럽기까지 하죠. 얼마나 못났으면 여성들을 이용해 나라를 바로잡으려고 할까요.

어른 여성에 대한 대우가 이 정도라고 하면, 청소년에 대해서는 두말

하면 입만 아프겠죠. 몇몇 등장인물들이 10대 후반에 무예를 뽐냈다는 이야기는 있지만, 실제로 청소년이 어떤 장면의 주인공으로 등장하는 경우는 거의 없어요. 그렇다면 여성과 청소년들은 『삼국지』를 읽지 말아야 할까요. 저는 오히려 이런 이유로 『삼국지』를 읽기를 꺼렸던 여성과 청소년들에게 권하고 싶어요. 『삼국지』에 등장해 천하를 호령하는 것은 남성들이지만, 결국 그것을 가능케 했던 사람들은 분명 여성들이었어요. 더구나 그들이 청소년기를 거치지 않고서는 이런 일을 했다고 볼 수 없기 때문입니다.

7장

책은 읽는 사람의 것

—

『삼국지』가 우리에게 남긴 것들

무려 2,000년 동안 사람들의 입에서 입으로 전해지면서
재미있는 이야기는 첨가되고, 재미없는 이야기는 도태되면서
오늘 우리 앞에 전달된 것이죠. 그런 점에서 『삼국지』는 이야기,
요즘 말로 스토리텔링의 보고라고 할 수 있어요.

지금까지 이야기를 읽어 보니 『삼국지』가 어떻게 다가오나요? '무슨 말 인지 하나도 모르겠다.'는 사람도 있을 수 있고, '와 한번 읽어 봐야겠는 데.'라고 생각한 사람도 있을 거예요. 사람들이 아무리 고전(古典)이라 고 말하는 책도 크게는 오늘 우리 시대와 어떤 연관이 있는지, 좁게는 나와 어떤 관계가 있는지가 분명해야 읽을 수 있어요. 당연한 말이지 만, 꼭 읽어야 하는 책은 없고, 아무리 많은 가르침과 재미를 준다고 해 도 『삼국지』가 나에게 어떤 의미가 있느냐가 증명되어야만 읽을 수 있 다는 의미예요. 그럼에도 수백 년, 길게는 수천 년이나 된 이야기들이 오늘날까지 우리 곁에서 살아 숨 쉬고 있다면 그만한 이유가 있지 않을 까요. 『삼국지』도 그런 책 중 하나죠. 일단 우리 시대에 남긴 영향을 먼 저 살펴볼까요?

스토리텔링의 보고

'나비효과'라는 이론이 있어요. '나비의 작은 날갯짓이 날씨를 변화시
킨다'는 것이 핵심인데, 1972년 미국의 기상학자 에드워드 로렌츠가
처음 주장했어요. 보통 '작고 사소한 사건 하나가 나중에 커다란 효과
를 가져온다'는 의미로 쓰이곤 해요. 처음에는 과학이론이었지만, 이제
는 경제학과 사회학에서도 이 이론이 사용되곤 해요.

　『삼국지』이야기를 하다가 갑자기 나비효과 이야기가 나와서 당황했
나요? 저는『삼국지』가 나비효과의 대표적인 사건이라고 생각해요. 2
세기 말 3세기 초 중국에서 벌어진 모래바람이 16세기 임진왜란 시기
와 19세기 조선 말기에 적잖은 영향을 준 것만 봐도 알 수 있죠. 한국에
만 영향을 준 것도 아니에요. 소설『삼국지』는 일본에도 적잖은 영향을
주었어요.

『삼국지』를 대하는 한국과 일본의 차이

한국의 『삼국지』는 줄거리와 내용, 인물의 캐릭터는 크게 변형시키지 않고 이야기를 끌어가는 반면, 일본의 『삼국지』는 일본풍으로 각색이 돼요. 당당한 장수들이 사무라이로 등장하는 경우도 많고, 남자를 여자로 둔갑시킨 경우도 있어요. 일본 전통 연극인 가부키도 『삼국지』의 내용을 제법 많이 차용했어요. 이만하면 『삼국지』의 나비효과라고 할 수 있지 않을까요.

혼히 역사는 돌고 돌며 오늘을 사는 우리에게 영향을 준다고 해요. 일종의 나비효과인 셈인데요. 그런 점에서 보면 사소해 보이는 우리네 삶도 어쩌면 훗날 역사의 한 자락을 수놓을지 알 수 없는 일이죠.

『삼국지』가 우리에게 남긴 영향은 무엇일까요? 『삼국지』는 진나라 진수의 역사책을 시작으로 나관중의 소설에 이르기까지, 그리고 오늘 우리에게 이르기까지, 수많은 사람들의 이야기가 덧입혀지면서 형성된 집단 창작물입니다. 무려 2,000년 동안 사람들의 입에서 입으로 전해지면서 재미있는 이야기는 첨가되고, 재미없는 이야기는 도태되면서 오늘 우리 앞에 전달된 것이죠. 그런 점에서 『삼국지』는 이야기, 요즘 말로 스토리텔링의 보고라고 할 수 있어요.

중국에서는 전통 연극인 경극으로 만들어지고, 최근에는 영화로도 숱하게 만들어졌지요. 일본에서는 앞서 언급한 것처럼 주인공들을 사무라이로 각색한 소설과 전통 연극 가부키가 공연되었어요. 한국에서는 조선 시대에는 거의 모든 사람이 즐긴 판소리 한마당 「적벽가」가 만들어졌고, 21세기에 와서는 200여 개도 넘는 스마트폰 게임으로 재탄생했습니다. 스토리텔링의 탁월함이 없었다면 상상도 못 할 일이죠.

신화에 버금가는 『삼국지』

『그리스 신화』와 『로마 신화』에 나온 수많은 신들은 물론 최근에는 북유럽 신화의 주인공인 토르 등이 이야기의 세계를 점령하고 있어요. 수많은 신은 인간 세계에 뛰어들어 자신들의 능력을 숨김없이 보여 줍니다. 하지만 그들은 인간이 아닌 '신'이었어요. 그러니 인간으로서는 흉내 낼 수 없는 놀라운 능력들을 선보일 수 있습니다.

흥미로운 것은 『삼국지』의 주인공들은 인간이면서 때론 신적 능력을 보여 준다는 점이에요. 제갈공명과 관우가 대표적이죠. 제갈공명의 여러 행적은 비록 창작의 산물이지만 『삼국지』를 읽는 묘미를 줄 뿐 아니라, 시간이 지날수록 각종 다양한 콘텐츠로 갈래를 넓혀 가고 있어요. 책만 살펴봐도 그래요. '제갈량'으로 인터넷 서점에 검색해 보니 무려 60권이 넘는 책이 나와요. 제갈량의 삶과 행적 등을 소개하는 책도 있지만, 그의 리더십을 분석한 자기 계발서 등 다양한 변주를 거듭하고 있어요.

관우는 영화와 게임이 가장 사랑하는 캐릭터이고, 『삼국지』 인물 중 몇 안 되는 평전이 주인공이기도 해요. 평전(評傳)은 "개인의 일생에 대

166

하여 필자의 논평을 겸한 전기"인데요. 『삼국지』인물 중에는 유비, 조조, 제갈공명, 사마의 정도가 평전의 주인공이 되었어요. 관우의 캐릭터가 그만큼 이야깃거리가 많다는 이야기죠. 게다가 신이 되었기 때문에 가히 '신화'에 버금가는 이야깃거리들을 여전히 만들어 내고 있다고 볼 수 있어요.

인간 본성을 배우는 교과서

열 길 물속은 알아도 한 길 사람 속은 모른다

『삼국지』는 인간 본성이 무엇인지 알아볼 수 있는 유용한 텍스트이기도 해요. 유비는 『삼국지』 내내, 어린 시절을 제외하고는, 줏대 없는 모습을 보입니다. 지름길을 두고 항상 에둘러 가려고 해서 주변 사람들의 속을 긁어놓기도 하죠. 형주의 유표는 유비의 인품에 반해 자신이 다스리던 지역을 내주려고 했지만, 유비는 끝끝내 사양해요. 이때 공명은 물론 주변 사람들 모두가 한숨을 내쉴 정도입니다.

　유비의 우유부단함이 가장 크게 드러나는 장면은 촉나라 왕, 이어서 황제에 등극하라는 공명과 대신들의 간청을 슬며시 들어주는 때입니다. 처음 그 소리를 들었을 때 유비는 펄쩍 뛰었습니다. 황제에 오르지 않을 거라면 먼저 한중왕에라도 오르라는 대신들의 요청에 대한 유비의 반응입니다.

그대들이 나를 높이려 하나, 천자의 조서를 받지 않고 왕이 되면 이는 법을 어기는 짓이라.

이 말을 들은 장비, 이렇게 대꾸합니다.

성이 다른 놈도 다 임금이 되려고 날뛰는데, 더구나 형님은 한조(漢朝)의 종친이시니 한중왕은 물론이고 황제가 못 될 건 또 뭐요!

참으로 장비다운 말 아닌가요. 유비는 장비를 꾸짖지만, 슬며시 한중왕의 자리에 오릅니다. 왕위에 오른지 얼마 지나지 않아 유비는 다시 황제의 자리에 오릅니다. 물론 조조가 죽고 그 아들인 조비가 황제에 오르자, 황실의 후손으로서 대통(大統)을 계승한다는 명분이 있었어요.

하지만 유비는 "과인이 어찌 역적을 본받을 수 있으리요!"라고 대신들을 향해 화를 냈지만, 끝내 황제의 자리에 오르고야 맙니다. 공명이 승상 업무를 파업하고 칩거에 들어가자 곧바로 황제에 오른 것이죠. 아침 다르고 저녁 다른 모습, 유비에게서 자주 볼 수 있습니다.

"열 길 물속은 알아도 한 길 사람 속은 모른다."는 말이 있는데, 유비가 그런 사람이 아닌가 싶네요. 그런 사람임에도 관우와 장비는 형제의 의를 맺었고, 공명은 그를 주군으로 모셔 평생 그가 염원했던 천하 통일을 위한 노력을 게을리하지 않습니다. 조자룡은 또 어떤가요. 유비가 저세상으로 간 후에도 조자룡은 북벌의 선봉에 서며 유지를 받들려고 했어요. 유비는 도대체 어떤 인물이었을까요.

문학을 사랑한, 그러나 잔혹한 조조

유비의 평생 라이벌 조조도 참 알쏭달쏭한 인물입니다. 『삼국지』의 조조는 분명 악인이 맞습니다. 악인이 대개 그렇듯 가장 복합적인 성격을 소유한 인물이기도 해요. 전쟁에 나가면 냉혹한 승부사 기질을 보여 주는 사람이 바로 조조입니다. 하지만 그는 시를 사랑한 문인이었어요.

'건안문학'(建安文學)이라는 것이 있어요. 후한 헌제 시대부터 삼국시대, 즉 『삼국지』에서 세 나라의 호걸들이 영토를 다툴 때도 문학 활동은 계속되었는데, 한 문학 집단이 형성되었어요. 중국 문학사에서 한 획을 긋는 시대라고 평가받고 있어요. 오언시, 즉 한 구가 다섯 글자로 된 시가 이때 유행했는데, 그 중심에 조조와 그의 아들인 조식이 있어요.

그런가 하면 조조는 자신을 따르는 수하들에게는 후하게 인심을 쓰는 사람이기도 했습니다. 그 많은 모사들과 맹장들이 조조 주변에 포진해 있던 이유가 바로 이 때문입니다. 조조 곁에 있던 사람들의 숫자만 따지면 촉나라와 오나라는 감히 비교할 수 없는 정도로 많은 것이 사실이에요.

170

이처럼 조조는 한 가지 모습으로 다 표현할 수 없는 인물입니다. 당연히 인간 본성의 실체를 알아가는 데 더없이 흥미로운 대상이기도 하지요.

그런데 『삼국지』는 이런 유비의 모습에서 배울 것이 있다고 말하지 않아요. 조조의 악한 마음을 배우면 안 된다고 주장하지도 않죠. 다만 인물들의 있는 그대로의 모습을 보여 주면서 때론 좋은 본보기가 되는 모습을, 때론 반면교사(反面教師)로 알려 줄 뿐이죠. 당연히 인간 본성을 탐구하는 것은 『삼국지』를 읽는 독자들, 즉 우리 모두의 몫이라고 할 수 있어요.

『삼국지』를 처음 읽을 때부터 이런 것들을 염두에 둘 필요는 없어요. 한 권 한 권 읽어 가다 보면, 자연스럽게 인물의 캐릭터가 어떤지, 본성은 어떠한지 하나씩 눈을 뜨게 될 거예요.

고전을 읽는 즐거움

읽을 때마다 새로운 『삼국지』

이야기를 마무리하려고 해요. 저는 『삼국지』를 오랜 시간 동안 30번도 넘게 읽었어요. 그 이야기를 들으면 사람들이 이렇게 묻곤 해요. 읽어 봐야 똑같은 이야기인데, 왜 그걸 매번 읽느냐고요. 맞아요. 여러 작가의 『삼국지』를 번갈아 가면서 읽는 건 사실이지만, 『삼국지』 이야기가 거기서 거기인 것은 틀림없어요. 차이가 있다고 해 봐야 아주 미세한 차이거든요.

　하지만 '읽는 내가 다르기 때문'에 『삼국지』를 읽는 일은 매번 즐거워요. 무슨 말이냐고요? 앞서 말한 것처럼 제가 중학교 입학을 앞두고 『삼국지』를 읽었을 때는 온통 친구가 세상의 전부였어요. 당연히 유비·관우·장비 삼 형제의 빛나는 형제애와 우정만 돋보였어요. 다른 인물들의 이야기는 그저 이들 삼 형제를 돋보이게 하기 위한 도구처럼 보일 정도였어요. 생각해 보면, 그 시절 친구들을 30년 넘게 사귀고 있으니 『삼국지』가 저에게 준 영향력만큼은 실로 크다고 할 수 있겠죠?

좋은 대학을 가 보겠다고 재수할 때도 『삼국지』를 읽었는데요. 이때는 온통 제갈공명만 눈에 들어왔어요. 지혜의 화신이니, 제가 공부하는 데 하나라도 도움이 될까 싶었기 때문이죠. 언젠가는 간사한 영웅 조조가 혁신가 조조로 보였고, 또 어느 해에는 『삼국지』의 시작을 알린 황건적이 눈에 밟혔어요. 무능한 황제와 나쁜 짓만 일삼는 십상시와 귀족들의 횡포가 얼마나 심했으면 유순한 백성들이 도적이 될 결심까지 했을까 하고 말이죠.

우리가 읽는 책의 이야기는 절대 바뀌지 않아요. 고전(古典)이나 세계문학은 그렇게 오랜 세월 동안 많은 사람들이 읽어 왔지만, 그 이야기가 바뀌지는 않았습니다. 『피노키오』나 『백설공주』 이야기가 다양한 방식으로 변주되면서 연극, 영화, 뮤지컬, 애니메이션 등으로 만들어지지만, 그 본래 텍스트는 변하지 않는 것처럼요.

하지만 책을 읽는 우리의 '상황'과 '마음'은 늘 변해요. 친구들이 세상의 전부였을 때도 있었고, 지혜가 필요할 때도 있었던 것은 저의 '상황'이 변한 것이에요. 그런가 하면 혁신가 조조와 황건적이 눈에 든 것은 저의 '마음'이 변했기 때문입니다.

그러니 똑같은 책이라고 해도 읽을 때마다 느끼는 감정과 생각은 항상 다를 수밖에 없어요. 자신의 관심사가 어디에 있느냐에 따라 책은

그 모양과 성향을 달리해 늘 새롭게 우리에게 다가옵니다. 『삼국지』도 그런 책 중 하나, 흔히 고전이라고 부르는 책입니다. 그걸 즐길 줄 알면 독서의 진정한 즐거움도 곧 알게 될 거예요.

『삼국지』라는 세계로 초대합니다

지난 2,000년 동안 『삼국지』는 무수히 많은 사람이 읽었고, 그 사람들에 의해 새롭게 창작되었습니다. 다시 수많은 사람이 그 『삼국지』를 읽었지요. 제가 예언자는 아니지만, 『삼국지』는 앞으로도 오랜 시간 많은 독자에게 읽힐 거예요. 이야기가 주는 즐거움이 남다르기 때문이죠.

물론 읽는 사람에 따라서는 충분한 교훈도 얻을 수 있을 겁니다. 교훈이라고 해서 거창한 가르침이라고 생각할 필요는 없어요. 읽은 자신에게 어떤 의미로 다가왔는가, 어떤 인물이 마음속에 자리 잡게 되었는가, 이런 모든 것이 교훈이라고 할 수 있어요.

지금까지 『삼국지』에 대해 핵심적인 내용만 간단하게 설명했어요. 재미있었나요? 혹시 재미가 있었다면 『삼국지』를 전편에 도전해 보는 건 어떨까요. 그 즐거움 속으로 여러분을 초대합니다.

그림을 그린 **홍선주** 선생님은
어린 시절 책을 받으면 그림부터 뒤적이며 보다가 일러스트레이터가 되었습니다. 어린이책을 만들며 하루하루 세상을 조금
씩 배워가고 있습니다. 「초정리 편지」, 「내 이름은 3번 시다」, 「흑룡을 물리친 백두공주와 백 장수」, 「모두 모두 안녕하세요!」
등 여러 책에 그림을 그렸습니다.

사진 제공
국립광주박물관, 국립민속박물관, 국립중앙박물관, 전라북도 남원시 문화예술과, 한국학중앙연구원, Wikimedia Commons

너머학교 고전교실 15

삼국지, 천 년 넘어 새로워진 이야기

2021년 8월 20일 제1판 1쇄 인쇄
2021년 8월 30일 제1판 1쇄 발행

지은이	장동석
그린이	홍선주
펴낸이	김상미, 이재민
편집	서현미
디자인	나비
종이	다올페이퍼
인쇄	(주)청아디앤피
제본	국일문화사
펴낸곳	너머학교
주소	서울시 서대문구 증가로 20길 3-12
전화	02)336-5131, 335-3366, 팩스 02)335-5848
등록번호	제313-2009-234호

ISBN 978-89-94407-91-3 44080
ISBN 978-89-94407-30-2 44000(세트)

www.nermerbooks.com

너머북스와 너머학교는 좋은 서가와 학교를 꿈꾸는 출판사입니다.